中野京子の
西洋奇譚

中野京子

中央公論新社

タケへ

目次

装幀◎藤田知子
DTP◎市川真樹子

●カバー写真●

アルベール・ジョゼフ・プノー『サバトへの出発』
（提供／ユニフォトプレス）

●本文写真提供●

アフロ　p. 12〜13, 29, 69, 74, 155, 171

CCI／アフロ　p. 19

ユニフォトプレス　p. 50

Ronald Grant Archive／Mary Evans／共同通信イメージズ　p. 61

PIXTA　p. 65

Fortean／アフロ　p. 81, 148

Mary Evans Picture Library／アフロ　p. 111

Moviestore Collection／AFLO　p. 117

akg-images／アフロ　p. 125

PPS通信社　p. 163

Album／Fine Art Images／共同通信イメージズ　p. 164

AFP＝時事　p. 181

【初出】

『婦人公論』2018年8月28日号〜2020年2月25日号

中野京子の **西洋奇譚**

第一話 ── ハーメルンの笛吹き男

「まだら男」に連れられて姿を消した子どもたち

　ドイツの代表的観光ルート「メルヒェン街道」は、グリム兄弟が生まれた中部ハーナウを起点に北へのぼり、音楽隊で有名なブレーメンまでの約600キロをいう。この行程の3分の2ほどのところに、現人口5万6千人強のハーメルン市がある。

　この小さな古都が5月から9月の毎日曜日、世界各地からおおぜいの観光客を引き寄せるのは、住民手作りによる野外劇が上演されるためだ。グリム兄弟の『ドイツ伝説集』（『童話集』とは別作品）に収録されている「ハーメルンの笛吹き男」を劇化したもので、30分ほどの短く素朴（そぼく）な舞台。

グリムの伝えるあらすじは——

1284年、ネズミの害に悩まされていたハーメルンに、奇妙な「まだら男」がやって来る。このあだ名は、さまざまな色の布をパッチワークした上着を身につけていたからで、本人は「ネズミ捕り男」と称していた。

彼はネズミを退治する代わりに報酬をもらう約束を市民たちと取り交わすと、さっそく笛を吹き、その音につられて集まった町中のネズミを、ヴェーザー川まで導いて溺れさせた。

ところが市民は約束の金額を出し渋り、男を町から追い出した。

6月26日のヨハネとパウロの日（旧夏至祭）、男は違う服を着て再び現れ、路地で笛を吹いた。すると4歳以上の子どもたち（中には市長の成人した娘もいた）が集まってきて、男のあとをネズミと同じように付き従い、市門を出て山の方へ向かい姿を消す。赤子を抱いた子守の少女（異説には、盲目の子と聾啞の子）だけが町へもどり、それを知らせたのだった。捜索隊は手がかりを見つけられず、親は悲嘆にくれ、この事件は市の公文書に記された。行方不明になった子どもの数は130人。

10

描かれた「ハーメルンの笛吹き男」

ハーメルン市民にとっては、ご先祖様が約束を反故にして復讐される話がそう楽しいはずがない。にもかかわらず7世紀以上も延々と語りつづけてきたばかりか、今現在もそう演じ続けている（子どもたちは行方不明者役、及び着ぐるみのネズミ役）。それはこの不思議で無気味で哀切な伝承の裏に、何かもっと、語られている以上のものが隠れていると誰もが感じ、いつまでも記憶にとどめるべきだと信じているからに他ならない。

先述したように、同時代人は消えた子どものことを公的文書に残した。それから20〜30年ほど後の14世紀初頭、文字の読めない大多数の住民のために町の教会（マルクト教会）のステンドグラスに、ガラス絵が描かれた。もはや現存していないが、幸いにして16世紀後半に模写された彩色画が残っており、これが最古の「ハーメルンの笛吹き男」図となる。異時同図法（一つの構図の中に異なる時間を描き込む手法）が使われている。

詳しく見てゆこう。

まず左に大きく描かれているのが、ラッパ風の縦笛を吹く男。帽子も上着もズボンも赤・

絞首台と車輪刑用具

ほら穴のある山
（コッペン山と呼ばれることもある）

子どもたちを引きつれて
笛を吹きながら山へ向かう
「まだら男」

子どもの列から２人の子が
脱落している（倒れている）。
彼らが後に証言する

ヴェーザー川に舟を浮かべて
男が笛を吹くと、門からネズミが出てきて
川へ入ってゆく

マルクト教会のステンドグラスを模写したハーメルンの笛吹き男
（作者不詳）

城壁に囲まれた町。
各所に門

黄・緑・白の縦縞模様だ。履き物は中世に流行した極端な先尖り靴。もとより放浪の楽師なので派手で目立つ格好をしていた（それにしても皆が驚いたというのだから、どこか通常とは違っていたに違いない）。

右下にはヴェーザー川が流れ、岸沿いにハーメルンの町。教会の塔が目立つ。ヨーロッパの都市は当時どこも城塞都市だったから、周囲をぐるりと城壁に囲まれ、いくつも門がある。川に近い門からネズミの大群が出てゆき、その先の小舟で笛吹き男が笛を吹く。画面中央に森をあらわす木々が描かれ、近くには沼。鹿が3頭いて、1頭が沼にはまって沈みかけている。このあたりが命にかかわる危険な湿地帯だったということが示される。

脇の坂道を、笛吹き男に先導された子どもたちが上ってゆく。彼らの出た門が、いわゆる不浄門であることは、道の先の山裾に絞首台が見えているのでわかる。当時の処刑方法は貴族なら城壁内の広場で公開斬首、平民は城外で絞首刑がふつうだった。ここには首吊り台だけではなく、処刑された罪人も2人描かれている。こうして見せしめに放置されるのも一般的だった。

またその横の、巨大な独楽のようなものは何だろう。実はこれも処刑台だった。拷問も兼ねた車輪刑。ブリューゲル作品に時々出てくるので知る人も多かろう。

14

当たり前のように描かれたこれら中世の日常——外敵や獣から住民を守る城壁、跋扈する

ネズミの大群、異界からやってきた見知らぬ人間、湿地の恐怖、深い闇を作る森、残酷な公

開処刑——は、当時の人々がいかに死と隣り合わせで暮らしていたかを物語る。そんな彼ら

にとってさえ、子どもたちの突然の失踪は激しいショックだったのだ。なぜか？

子どもたちの失踪が与えた衝撃

13世紀末ドイツの小さな町ハーメルンで、130人の子どもが忽然と消えた……。

当時の町の規模から考えて130人がどれほどの大人数だったか、後世の我々にも何とな

く想像はつくが、近代のハーメルンに当てはめるなら2000から2500人相当だろうと

の研究結果もある。驚くべき空洞の発生だ。しかも原因は戦争でもパンデミック（疫病の

世界的大流行）でもない。対象が老若入りまじっていたわけでもないし、長期的な漸減でも

ない。少年少女たち——町の活力源、未来の働き手——だけが、たった半日のうちに一挙に

町からいなくなったのだ。衝撃の波が他国にまで拡がったのも頷けよう。

そして当然のことながら、口伝えの過程で話は膨らんでゆく。グリム兄弟の『ドイツ伝説

集』は、主に16〜17世紀の資料をもとに編纂されたものだが、子どもが消えた1284年からそれまでの間で、庶民に直接影響を与えた歴史的大事件といえば、14世紀のペスト禍（ヨーロッパ人口の3分の1ないし2分の1が死んだとされる最大規模のパンデミック）と魔女狩りである。この2つが「ハーメルンの笛吹き男」伝承にも影響を与えたのは間違いない。

なぜなら古い文献のどこにも、グリム伝承の前段に当たるネズミ退治のテーマは見られないからだ。

文献が語る「ハーメルンの笛吹き男」

まず同時代人による市の公文書だが、あまり詳しくはない。「今後は子どもたちがいなくなった1284年を起点にして（まるでイエス誕生を西暦1年と定めたように）市の年代記を記す」という程度である。つまり、今年は我らの子どもらが連れ去られて何年目、というように数えようと言うのだ。

実際、16世紀後半になってもなお、新設された市門にはこう彫られていた──この門は魔法使いが130人の子どもを連れ去ってから272年後に建てられた、と。

16

また事件から20〜30年後に描かれた例のマルクト教会のステンドグラスには、絵の他に碑文も書かれていたという。現存していないが、絵と同様その文章も書き写されており、概略はこうだ――ヨハネとパウロの日（6月26日）にハーメルン生まれの130人が、引率者に連れられて東へ進み、コッペン（古ドイツ語で「丘」「小山」の意）で消えた。

もっと具体的に記された最古の記録は、15世紀半ばの『リューネブルク手稿』である。筆者はおそらく修道士。この事件を古文書で知ったという。曰く、

1284年のヨハネとパウロの日に、ハーメルンで不思議なことが起こった。30歳くらいの男が、橋を渡ってヴェーザー門から入ってきた。身なりが立派だったので、皆、感心した。彼は奇妙な形の銀の笛を持参しており、それを吹くと、聞いた子どもたちが集まってきた。そしてその130人の子たちは男の後をついて東門を抜け、処刑場の方へ向かい、そのままいなくなった。母親たちは捜しまわったが、どこへ消えたか誰もわからなかった。

これが話の骨格だったのだ。

ネズミも市側の裏切りもない。単に見知らぬ男が来て笛を吹き、子どもらと共にいずこともなく消え去ったというだけ。しかし1284年という年号と130人という数は中世のどの文献にも共通し、この具体的数字の生々しさによって、事件が現実に起こったことがうか

がえる。

事件の骨格を飾り立てた時代的要素

　童話風の趣を持つようになったのは、さまざまな時代的要素が加わった後だ。本来は皆が驚く立派な身なりだったのに、「笛を吹く」という要素が強調されて放浪の辻音楽師的イメージになり、そんな身分の低い貧しい者の服が高価であるはずもないとして、色が派手で人目を惹いた、と変化してゆく（英語の Pied Piper も「まだら服の笛吹き男」）。

　また笛特有の魔的な音色は、誘惑の象徴につながる。　先述した市門建設の際に「魔法使い」という言葉が使われたのは、まさに魔女狩り最盛期であった。この時期、笛吹き男は魔女の仲間と見なされたのだ。

　またネズミはペストと密接に結びついている。　もともとはネズミの病気で、その血を吸ったノミがさらに人間を刺すことで感染した。　もちろん当時の人にそうした科学的知識はないが、ネズミの大発生とペスト流行が同時だったため両者の関係に疑いが持たれた（ネズミの激増は、田畑を増やそうと城外の森林を伐採、開墾して、ネズミの天敵イタチや猛禽類や蛇の

18

ネズミを引き連れるハーメルンの笛吹き男
（オスカー・ヘルフルトによるイラスト　1910年頃）

圧倒的なネズミの大群が、見る者に恐怖を与える。

が減ったことによる）。実際にネズミ捕りを生業にする者も存在していた。

こうしたことが、事件の骨格を飾り立てることになったのだ。

伝承の真実は

皆がよく知る「ハーメルンの笛吹き男」の物語から童話風の装飾を剥ぎ取れば、それはご

く単純な——しかしもちろん衝撃的な——事実の羅列となる。即ち、1284年のヨハネと

パウロの日、ハーメルン市に身なりの立派な男が現れ、笛を吹いて130人の子どもを集め

て連れ去り、消息を絶つ。その後、杳として行方が知れない。

男は誰だったのか、なぜ子どもらは男について行ったのか、どこへ連れてゆかれたのか、

生きているのか死んだのか……。

何世紀にもわたり、世界中の研究者（日本では故・阿部謹也が有名）がこの謎を解き明か

すべく、さまざまな論考を発表している。それをテーマ別に分類するだけで30種近くになる

というのだから、この話の内包する魅力の強烈さがわかろうというもの。

17世紀にはヴェーザー川での溺死説が出たが、これはネズミを川におびき出したという後

世の創作に影響されたのかもしれない。20世紀末になると、小児性愛者による猟奇殺人説が発表された。いかにも現代的な推理だ（途方もなさすぎる）。

この新旧2つの説の間に、捏造説、死神説、山崩れでの生き埋め説、底なし沼での事故死説、野獣襲撃説、誘拐説などが並ぶ。

研究者によるさまざまな論考

有力とされる説をいくつかあげておこう。

I

何らかの伝染病に罹患した子どもたちを、町の外へ連れ出して捨てた。

——要するに、自分たちを守るためやむを得ず病人を犠牲にしたわけだ。可哀そうなことをしたとの慚愧の念が、子どもらを忘れまいとする市全体の総意となったということは十分ありうる。しかし少年少女だけが罹る伝染病というのは考えにくいし、この説には肝心の笛吹き男の存在感がどこにもない。

Ⅱ 処刑場近くの山は、キリスト教が入ってくるまでは古代ゲルマンの祭祀場（さいしじょう）で、夏至祭（当時はヨハネとパウロの日と名を変えられていたが）には火を燃やす。笛吹き男に誘われた子どもたちが見に行き、崖（がけ）から転落死した。

――祭りを盛り上げるため雇われた放浪の音楽師が、子どもらを煽（あお）って真っ暗闇の夜の山道を歩かせ、遭難（そうなん）させる。全くないとは言えないが、怪我だけですんだ子もいたはずだし、住民が死体を発見できなかったのもおかしい。第一、古い文献はどれもこの事件が日中に起こったと明記してある。

Ⅲ 舞踏病（ぶとう）に集団感染し、踊りながら町を出て行った。

――これは遺伝性のハンチントン病（旧ハンチントン舞踏病）とは異なり、中世によく見られた一種の集団ヒステリー。祭りの熱狂の中、自然発生的に起こり、狂乱状態で踊り続けて、時に死に至る（たいていはしばらくすると憑（つ）きものが落ちたように呆然（ぼうぜん）とするらしい）。中世人が陥る爆発的躁状態（そう）だ。ただしハーメルンだけで一度に130人、それも子どもだけというのは説得力が弱い。

22

Ⅳ　「子供十字軍」としてエルサレムへ向かった。笛吹き男は徴兵係。

――現実に「子供十字軍」の悲劇は各地で起きていた。非力な少年少女が従軍しても、港に着く前に行き倒れたり、船に乗れても難破したり、果ては奴隷として売られることも少なくなかった。ハーメルンの子が巻き込まれたとして何の不思議もないが、しかし逆にどうしてハーメルン市だけが十字軍のことを隠したかが新たな謎になる。

Ⅴ　ハーメルンでの未来に希望が見いだせず、東欧に植民するため移住した。笛吹き男は新天地がどんなに素晴らしいかを、笛ではなく言葉で吹聴し、また金をかけた衣服によって豊かさを誇示し、子どもたちをその気にさせた。

――今のところ、この説がもっとも有力視されている。同時代に創建された東欧の村々に、ハーメルンという名がいくつか見られるのもその証拠という。ただこれまた完璧に問題なしとは言えない。なぜ130人のうち誰ひとり、故郷と連絡を取ろうとする者がいなかったか（子孫でもかまわないはずなのに）という点だ。

つまり、まだ万人を納得させるに足る定説はないのだ。研究は続けられており、「ハーメ

ルンの笛吹き男」を読む楽しみは尽きない。

それにしても、この伝承における子どもたちの身になって考えると恐怖が押し寄せてくる。妖しい魔笛の音に操られ、夢遊病者のように歩きに歩いて、気がつけば見も知らぬ異邦の地に佇む自分がいたとしたら……。

第二話　マンドラゴラ

さまざまな芸術に取り上げられた植物

映画「ハリー・ポッター」シリーズに、恐ろしい植物が登場する。ホグワーツ魔法魔術学校における薬草学の授業で、生徒に耳をふさがせ、先生が鉢から引き抜くと、人間によく似たその醜い塊根は手足（？）をばたつかせながら、甲高く耳障りな悲鳴を上げるのだ。

これがマンドラゴラ（＝マンドレイク）。

ハリポタのとおりとまでは言わないが実在する植物で、はるかな昔からさまざまな芸術に取り上げられてきた。いくつか例をあげると――

シェイクスピアの『アントニーとクレオパトラ』に、アントニーの死を悼んだクレオパト

ラが、彼のいない空白を眠って過ごすため「マンドラゴラを与えておくれ」という台詞があ
る。『ロミオとジュリエット』でも、ジュリエットを仮死状態にした薬草はマンドラゴラだ
った。

またヴェルディのオペラ『仮面舞踏会』では、許されぬ恋を諦めようと必死のヒロインに、
女占い師がこう言う、特別な草を抜いてきたら処方してやろう、しかしそれが生えているの
は処刑場で、満月の夜に一人きりで行かねばならない、と。観客にマンドラゴラを想起させ
る設定だ。

旧約聖書にも、ヤコブの妻レアがマンドラゴラの劇的効果で妊娠した話が出てくる。

古代ギリシャの植物学者ディオスコリデスの写本挿絵には、山野の精霊ニュンペーがディ
オスコリデスにマンドラゴラを手渡すシーンがあり、そばで一頭の犬が悶絶している（犬に
関しては後述）。

さらに時を遡った紀元前14世紀のツタンカーメン。彼の墓から出土した小箱の蓋に、マ
ンドラゴラを摘む女が描かれている（栽培していた証拠だ）。

26

マンドラゴラ伝説

マンドラゴラほど奇妙で薄気味悪い伝説をまとった植物はないだろう。地中海沿岸から中国西部にかけて自生するナス科のこの毒草は春咲きと秋咲きがあり、前者が雄、後者が雌と、両性があると信じられてきた。

葉は地上に放射状に広がって生え、黄または青紫がかった小さな花が咲く。円い果実は――紐付きピンポン玉のように、あるいは睾丸のように（そのためこの植物は多産の象徴となる）――地面に転がる。また地中の太い塊根はといえば、紡錘形で先が脚のように二股に分かれているので、時として小さな人間のように見えることがあった。古い図版には、頭に葉を生やした裸の男（雄マンドラゴラ）と裸の女（雌マンドラゴラ）が描かれている。

長らく外徴説（人体各部とそれによく似た外形をもつ植物の間には神秘的・照応関係があるとの俗信）がまかりとおっていたため、マンドラゴラの根が人体そっくりなのは万病に効く証とされた。需要が多くなるのも道理だが、地下には塊根の他に毛細血管のような多量の細かい根が張りめぐらされ、引き抜くのに大変な力が要る。その際の音もきわめて不快らし

い。

だが何といってもこの植物の特徴は、全草が有毒（実も完熟するまでは危険）という点だ。とりわけ根は神経毒アルカロイドを数種含み、幻覚、錯乱、嚥下困難、発熱、嘔吐、瞳孔拡大、心悸亢進などを引き起こし、死に至る場合すらある。

もちろん毒は薬にもなるから、古来、麻薬剤（快楽効果の一方、禁断症状もある）、鎮痛・鎮静剤、健胃剤などに使われた。媚薬や妊娠薬としても有効と信じられたので、魔女の膏薬とも言われたし、錬金術の原料としても使用された。

マンドラゴラを引き抜くには

人型のごつごつした奇怪な姿、猛毒、採取しにくさ、不快音。ここまでくれば、誰からも妖しの植物と見なされたのも無理はない。口伝えに語られたのは――

マンドラゴラは町はずれの処刑場に生えている。童貞の若者が首を吊られて死ぬ間際に放出した精液が、土に触れてマンドラゴラを育てたのだ。足を持つこの植物は、真夜中には地中から出てあたりを動きまわることともあった。

マンドラゴラに繋がれた犬（『健康全書』より　14世紀頃）

　見えにくいが、犬の首輪の紐にマンドラゴラが結
わえられている。飼い主は遠ざかろうとしている。

マンドラゴラを引き抜くには予防策を講じねばならない。引っ張ると身の毛もよだつ悲鳴を上げ、聞いた人間を狂い死にさせるからだ。耳に栓（せん）をし、金曜の日の出前に、よく仕込んだ犬を連れて行く。マンドラゴラの前で三度十字を切り、周りの土を掘って根と犬を紐（ひも）で結わえ、十分離れた場所から犬を呼ぶ。すると忠実な犬は走り出し、同時にマンドラゴラは地中から引き出されて叫び出す。聞いた犬は悶え死ぬ（もだ）が、マンドラゴラは無事手に入るという次第だ。

可哀そうなワンちゃん……。

30

第三話　ジェヴォーダンの獣

ナポレオンの異名をとる獣

『ジキル博士とハイド氏』や『宝島』で知られる19世紀イギリスの作家R・L・スティーヴンソンは、病弱な肉体を改善しようとヨーロッパ各地を旅行した。20代でフランス南東部の中央高地を一人旅した記録が、『旅は驢馬（ろば）をつれて』（1879年刊行）。

中央高地のジェヴォーダン地方（現ロゼール県の一部）へ足を踏み入れる際の、スティーヴンソンの高揚（こうよう）ぶりが伝わってくる。今や「安楽な場所」になったヨーロッパで、「冒険の名に価するもの」に出会えるとすれば、それはジェヴォーダンだというのだ。しかもかつてここは「有名な『ジェヴォオダンの獣』、あの、狼中のナポレオン・ボナパルトと呼ばれた

「狼の国だった」、と。

ジェヴォーダンの獣がナポレオンの異名をとっていたとは面白い。実際の事件はナポレオンが皇帝に就くずっと前、ルイ15世の御世であり、スティーヴンソンの冒険旅行からだと1世紀以上も昔である。だが近代人たる異国のこの若者にとってジェヴォーダンという土地は、

「狼の危険を防ぐために、森が最近伐り払われたばかり」にもかかわらず、なおまだ「未開」と感じられた。

そしてそれはあながち間違いとも言えない。

都から遠く離れ、山や荒地や森、悪天と狼から成るジェヴォーダンは、時代の進歩から取り残されがちだった。吸血鬼が住まうトランシルヴァニアとよく似て、字も読めぬ貧しい住民が肩寄せ合って暮らし、よそ者を敵視する場所だ。スティーヴンソンは自分の受けた

「冷淡」な仕打ちを、いくつも数え上げている。ある老人は彼の姿を見た途端、家に駆けこんで戸を叩いても出てこないし、進む方角を間違えても誰も教えてくれない。極めつけは2人の少女で、道を尋ねると一人はアカンベエと舌を出し、一人は牛の後をついてゆけと言ってクスクス笑ったという。

よほど腹に据えかねたのか、スティーヴンソンはこんなことまで書いている、「ジェヴォ

32

オダンのあの狼は、この辺の子供を百人も食い殺したということであるが、私には狼がしたことが好ましく思われて来た」（引用部分全て吉田健一訳）。

神出鬼没の化け物

ジェヴォーダンの獣がどこからともなく現れたのは、1764年の夏だった。

牛番をしていた少女が、見たこともない野獣に追いかけられ、命からがら逃げ帰ったのが発端(ほったん)である。狼だったのでは、と聞かれて少女は否定した。体も頭も口も大きく、胸が広くて背に縞模様(しま)があり、尻尾は長かった、狼に似ていても、あれは絶対に狼ではない！

狼と共生せざるを得ない環境だ。日のあるうちは人間の領分、闇が下りれば狼の領分と住み分けてはいたが、子どもであっても狼のことならよく知っている。危険回避に必要な知識だからだ。間近で見た少女が狼ではないと言うのなら、そのとおりかもしれない、そもそも狼の習性として狩りは群れでするし、人間と家畜がいっしょにいれば後者を狙うのが普通だ、奇妙な動物だと思っているうち、別の村の少女が襲われた。内臓を喰われ(く)、物言わぬ状態で発見されたのだ。日をおかず、今度はまた別の集落で小さな子が餌食(えじき)となる。

不穏な空気が流れる中、人家の庭で主婦が襲撃された。たまたま近くにいた男たちが棒や鎌で追い払い、ここで初めて複数の目撃者に獣の姿が晒されたわけだ。彼らは最初の少女と同じことを言った。あれは狼ではない、これまで見たこともない獣だ。

やがて誰言うともなく「ジェヴォーダンの獣（La Bête du Gévaudan）」と呼ばれるようになるのだが、La Bête は単なる「獣」というより、「魔獣」とか「怪物」というニュアンスで使われたらしい。なにしろ日を追うごとに被害者は増えてゆく。

正確な統計は取られていないが、氏名・年齢や死亡日のわかっている者も多く、3年にわたって獣が暴れた後には、60人から100人の犠牲者（もっと多い数字をあげる研究者もいる）が横たわっていた。多くは女性と子どもで、自然界の弱肉強食の掟どおりといえた。

男たちは武器を握り集団で守りを固めたが、敵は神出鬼没だった。これほどうまく逃げおおせるのは、正真正銘の魔物だからではないか、あるいは狼男かもしれない、そんな囁きとともに、真偽定かならぬ噂も拡がってゆく。たいていの肉食獣ならまず獲物の喉笛に嚙みつくのに、この化け物は——おぞましいことに——その巨大な口で真っ先に相手の頭をガリガリ嚙み砕き、足が速い上にスタミナがあるので駅伝馬車を昼日中にいつまでも追いかけ続けた、など。

ジェヴォーダンの獣（版画　作者不詳　1762-64年頃）

これも異時同図法。右後方は人々から恐れられる獣、中央は犠牲
者のそばにいる獣、左後方は狩人に追われて退治されるところ。

こうして翌1765年初頭には、ついにヴェルサイユ宮殿の奥の院にまで話が到達し、ア

ンニュイの美王ルイ15世が意外にも強い関心を示すことになる。

剝製にされた「ジェヴォーダンの獣」？

1765年。ヴェルサイユ生まれのルイ15世は5歳からずっとフランス王の座にあり、もうすぐ55歳になる。

王権神授説を信じ、阿諛追従に慣れ、情熱はもっぱら狩猟に注ぎ、好色で政治嫌い。努力せず何もかも手にした人間が陥りがちな重い退屈病に罹っていた。

とうぜん好奇心などというものはとうの昔に失くしていたのだが、ジェヴォーダン事件には珍しく反応した。被害地区に同情したからというより、何より「ジェヴォーダンの獣」とまで言われる凶悪な狼を実際に見てみたかった。できるなら我が手で仕留めたいくらいだったろう。

王は懸賞金を出すとともに、狼狩りの専門家2人を現地へ派遣した。だが2人は多くのブラッドハウンド犬とともに4ヵ月もジェヴォーダンの山野を駆け巡って狼を追ったのに本

命を見つけられず、嘲笑うかのように殺戮は続いた。

6月になり、ルイ15世は別の征伐隊と交替させる。王室のマスケット銃取り扱い責任者の中尉以下、竜騎兵の一団だ。彼らのおかげで住民は大迷惑だった。山狩りの手伝いはまだしも、おおぜいの宿泊と飲食の提供、兵士の乱暴狼藉による治安悪化に耐えねばならなかったからだ。とはいえそれも9月で終わる。体長170センチ、体高80センチ、体重60キロの狼が射殺されたのだ。

フランスに棲息する狼はハイイロオオカミなので、ふつうなら最大体長160センチ、体高90センチ、体重50キロといったところだ。となると、中尉がこれぞジェヴォーダンの獣と断定した狼が、並外れて大きいと言えるかどうかは微妙で、目撃者に確認もさせずにそそくさと帰路についたのも怪しい（住民の中には中尉を詐欺師と罵る者もいた）。

剥製にされた狼はヴェルサイユでお披露目され、これが人喰い獣かと宮廷を大いに沸かせた。王も御満悦で、中尉に多額の報奨金を与えて叙勲も行っている。剥製はパリの王立庭園（現国立自然史博物館）に1819年まで陳列されていたというが、現在は行方不明。

災厄の顛末

ジェヴォーダンの獣は竜騎隊の山狩り終了を確かめたかのように、その年の冬から再び暴れ出し、子どもたちが襲われた（幸い命は助かる）。中尉が仕留めたのはやはりただの狼だったと住民は訴えたが、飽きっぽい王の興味を惹くことはもはやできなかった。その後1年半にわたり、10人以上が喰い殺される。

自分たちでどうにかするしかない。

1767年6月。近隣の猟師や勢子たちが300人も集まり、ついに獣を追い込むのだが……どうもこのあたりから話に靄がかかりだす。伝えられているのは、こうだ。獣が追われた先には地元の猟師シャステルがいた。彼は狩りの前の祈禱を唱えており、それを見た獣は立ち止まってシャステルの祈りが終わるのを待ち、逃げもせず彼の銀の銃弾に撃たれた。獣は死に、シャステルは英雄となって、死骸をヴェルサイユへ持ってゆくが、事件はとうに落着と発表済みだった政府の対応は冷ややかだった。

――全く奇妙だ。リアリティのない神懸かったエピソードが挿入されている。狩猟中の祈

禱とそれに耳傾ける獣、銀の銃弾（狼男撃退の古典的アイテム）など、いかにも作り話めいている。撃たれた獣が目撃情報どおりだったかどうかもはっきりしない。とはいえこの後二度と獣が出没しなかったことだけは確かで、3年にわたるジェヴォーダンの災厄は完全に終わった。

問題は獣の正体である。ルイ15世とその宮廷、そして1世紀後の作家スティーヴンソンは、狼と信じていた。目撃者は皆、あれは断じて狼ではない、と主張していた。明確な証拠がないので定説はない。それが世界中の人々のロマンをかき立て（映画化もされている）、今なおさまざまな説を生みだしている。いくつかあげよう。

・特別な狼、つまり狼中のナポレオン説
・一頭だけではなく、複数の狼による襲撃説
・犬と狼の交配で生まれたハイブリッド種説
・熊、大猿、豹、クズリ（クロアナグマ）、ライガー（ライオンとトラの雑種）、各説
・絶滅した動物説
・ネッシーのような未確認生物説

・毛皮をかぶった人間説

・アフリカから持ち込まれた、獰猛《どうもう》なブチハイエナ説

　獣の正体は不明でも、この事件で明らかになったことがある。それは王侯貴族が民の不幸に徹底して無関心という事実だ。ジェヴォーダンの獣は、彼らの退屈を紛《まぎ》らわすイベントの展示品にすぎなかった。

　なるほど、フランス革命は起こるべくして起こった。

第四話 　 幽霊城

古城にさまよう幽霊

古城と幽霊は相性がよい。

もともと城塞は、敵との攻防を想定して建造された軍事施設だ。堅固な石造りで、外壁も二重三重にめぐらせ、濠で囲み、跳ね橋や落とし格子で備える。捕虜やスパイを閉じ込める獄舎、拷問室、処刑場もある。同時にまた城主や臣下、その家族、兵士や召使いたちの住居でもあり、礼拝堂も設置されていた。

複雑な内部構造、至る所に闇と死角。壁には激しい戦闘を物語る血しぶきの跡……何世紀もの積み重ねのうちに、夥しい数の戦死者も堆積される。恨みを抱いて死んだ者、この世

41

にたっぷり未練を残して命を断たれたことさえ気づかぬまま倒れた者の魂が、肉体が崩壊した後もなお地上に引き留められ、虚しくさまよう場が古城なのだ。

日本の幽霊、イギリスの幽霊

日本人とイギリス人は幽霊好きで知られる。

ただし日本では夏の風物詩（？）なのに、イギリスではもっぱら冬が幽霊の活動期だ。また自分用の住居が幽霊物件の場合も反応ははっきり異なり、積極的に購入したがる日本人は稀なのに、イギリスの場合、幽霊屋敷は──無関係な生者には祟らないと信じられているからか──評価ポイントが上がって価格も高くなるという。

古城の幽霊はどうか？

もちろん両国とも心霊スポットとして人気がでる。

日本で有名な幽霊城といえば、一つは佐賀城（あいにく城郭の一部しか現存していない）。幽霊城というより、化け猫城だ。鍋島藩主に息子を殺害された老母が飼い猫に復讐を託して自害し、その血を舐めた猫が藩主の愛妾に取り憑いて……という奇怪な伝承は、猫の醸し

42

出す魔性の雰囲気と相俟って錦絵になり、歌舞伎になり、映画にもなった。

もう一つは白鷺城の異名を持つ美しい姫路城（正確にはその前身の城）でおきた、御女中お菊の伝説。十枚一揃えの皿が一枚足りないとして、責め殺され、井戸に投げ捨てられたお菊の霊が、「一枚、二枚……」と皿を数える恨めしげな声が時々聞こえるのだそうだ。現姫路城の本丸下の一角に「お菊井戸」と名づけられた井戸も残る。

さて、イギリスでもっともよく知られた幽霊城といえば、塔という名の古城「ロンドン塔」なのは間違いない。しかし知る人ぞ知る、幽霊の数と出没回数が一番多く、世界中の心霊現象マニアを集めているのは、スコットランドに近いチリンガム城である。

粗削りで殺伐たる雰囲気のこの城は、遠く12世紀に建設が始まり、現在の形になったのは14世紀と言われる。名前にチル（chil）が使われているのは、立地や石造りの「冷え」ばかりでなく、どこか「背筋を凍らせる」「ぞっとする」印象を与えるせいかもしれない。

なにしろチリンガム城は敵国スコットランドからの侵攻阻止、及びイングランドがスコットランドへ侵攻するための最前線基地でもあったから、血みどろの歴史が刻まれている。戦闘だけでなく、地下の拷問部屋で犠牲者が流した血だ。数年間で5000人を超えるスコットランド人、それも女・子どもを含む捕虜が惨殺されたと言われる。

拷問部屋も一般公開され、「鉄の処女（人型カプセルの中に入れ、多数の鉄釘を仕込んだ扉を閉めて殺す）」や針の筵、指スクリュー、焼きゴテ、逆さにして閉じ込める檻など、凄まじい拷問用具が展示されている。

観光客の中にはどこからか響く悲鳴や呻き声を聞いたり、幽霊を目にしたと言う者もいる。

そのうち目撃回数が多いのは以下の3人の幽霊。

ジョン・セージ…彼は職務としておおぜいの人間を拷問死させた刑吏。最後は民衆に憎まれ八つ裂きにされた。暗くなると甲冑をかたかた鳴らしながら城内を見回っている。

レディ・メアリ・バークレー…高位の貴族夫人だったが、夫が自分の妹と駆け落ちしてしまう。何百年も経つのにまだ夫を探し、城のあちこちをさまよっている。

ブルーボーイ…この少年についての詳細はわかっていない。ピンク・ルームという部屋のベッド脇の壁が青く光り、時に怪しい声が聞こえたり、少年の姿が現れたりすることから、こんなあだ名がついた。

興味深いのは、20世紀になってこのピンク・ルームを改装するため壁を壊すと、3メートルの厚さの石壁内に狭い隠し部屋が出てきて、中から少年の白骨体が見つかったこと。どうやらブルーボーイは実在したらしい。調査の結果、骨はエリザベス1世時代のものと判明し、

ブルーボーイはスペイン無敵艦隊（かんたい）に関する秘密文書を見たため閉じ込められた、と言われるようになった。壁には少年が必死に爪で掻（か）いた跡も残っているそうだ。

日本の幽霊とイギリスの幽霊、どちらが怖いだろう、いや、どちらが物悲しいだろう……。

海を漂う幽霊船

「板子一枚下は地獄」という言葉がある。船の床板の下は海という恐るべき異界であり、人の生きてゆける場所ではない、船乗りは常に危険にさらされている、という意味だ。

そんな船乗りは必然的に迷信深くなり、単なる錯視を怪奇現象と見誤るのだろうか？　それとも巨大な生きものたる海は、時としてほんとうに異形の子を産むのか？

幽霊船の目撃譚は世界中に伝わっている。洋上を航行中の船乗りが霧の深い日中、あるいは夜、ふいに出現したこの世ならぬ船（船体損傷、ぼろぼろの帆、船員の気配皆無など）がそばを通るのを見て、恐怖のあまり金縛りになるというパターンが多い。

46

人間や動物ならぬ、ただの物体が化けて出るのはおかしい？　いや、船の場合はそうでもない。さまざまな文化圏で、船は魔力によって生命を得ること、自らの意思で動くことがある、などと考えられているのだ。

もっともよく知られた幽霊船は「さまよえるオランダ船（Flying Dutchman）」だろう（「-man」が付くため「オランダ人」と訳される場合もある）。言い伝えによれば——アフリカ大陸南端の岬、喜望峰（きぼうほう）近くでオランダの帆船（はんせん）が嵐にあい、思うように舵を切れず業（ごう）を煮やした船長が南十字星にピストルを発射した（異説では、神を罵（のの）った、あるいは悪魔に助けを求めた）ため呪いを受け、死ぬことも許されずに未来永劫（えいごう）、幽霊船とともに海を漂泊（ひょうはく）せねばならなくなった。

ヨーロッパ大陸から喜望峰を回る「インド洋航路」が発見されたのは、15世紀末だ。そしてオランダが黄金時代を迎えて世界の海を制したのは、17世紀。従ってこの言い伝えが細部まで形を整えたのは、近代以降ということになる。

また明らかにこれは、イエスをめぐる民間伝承「さまよえるユダヤ人（The Wandering Jew）」（または「永遠のユダヤ人〔The Eternal Jew〕」）に呼応（こおう）している。こんな話だ——イエスが十字架を背負ってエルサレムの街を歩かされた時、疲れ果ててユダヤ人の靴屋の家の

壁に寄りかかろうとして拒まれた。イエスは彼に言った、自分は死して安らぐが、おまえは永遠にさすらい続けねばならない、と。かくしてこのユダヤ人（ユダヤ人そのものの象徴）は、地上のどこにも安住の地はなくなる。

神を冒瀆し、その報いを地上で受ける「さまよえるユダヤ人」と、海上で受ける「さまよえるオランダ人」。

作曲家ヴァーグナーの運命

さて、音楽ファンにとって「さまよえるオランダ人」といえば、リヒャルト・ヴァーグナーの同名オペラをおいて他にない。

1839年、26歳のヴァーグナーは借金を返せず、このままなら債務者監獄に放り込まれてしまうというので、妻のミンナと愛犬を連れて東プロイセンから密航し、ロンドン経由でパリを目指すことにした。

乗ったのは、大麦を積んだ2本マストの小型商船。海の女神の名を冠したテティス号。船長と船員合わせて7人。そこへヴァーグナー夫妻が匿ってもらった。ロンドンまでは1週間

ほどのはずだったが、なんとその3倍の日数がかかってしまう。嵐に襲われたのだ。

テティス号はノルウェーの入江に避難した。自伝によると、ヴァーグナーは3日3晩、屹立する崖に船乗りの呼び声がこだまするのを聞き、オペラ3幕目〈水夫の合唱〉のメロディを思いついた由。

もちろんヴァーグナーはオランダの幽霊船伝承を知っていたし、それをもとにしたハイネの短編も読んでいた。だが実際に怒濤の風雨に身を置き、漆黒の闇に波の吠え声を聞き、「板子一枚下」に地獄が口を開けているのをまざまざと感じたこの体験がなければ、『さまよえるオランダ人』のあの鳥肌がたつような幽霊船出現シーンや音楽は生まれなかったのではないか。

ヴァーグナーのオペラでは、オランダ人船長は7年に一度だけ陸地に上がることが許される。そこで真実の愛を捧げてくれる乙女に出会えれば、呪いは解かれ、救済される。何百年も探し求め、ようやくノルウェーの小さな港町でそんな乙女（つまり自分と一緒に死んでくれる相手）に出会う……。ヴァーグナーは幽霊船伝説を愛と救済のテーマへ昇華させたが、どちらも背景には死を拒まれることへの恐怖が色濃く残る。

オペラは数年後にパリで完成し、1843年にはドレスデン歌劇場で初演された。その頃

リヒャルト・ヴァーグナーのオペラ『さまよえるオランダ人』の第一幕
幽霊船登場シーンの舞台セットの写真（ベルリン国立歌劇場　1933年）

ヴァーグナー自身も無事ドイツへ帰り、ドレスデン宮廷指揮者になっていたのだ。だがオランダ人と似て彼もさまよう運命にあり、1849年、ドレスデン暴動に加担してスイスへ亡命せねばならなかった。

奇しくも同年、あのテティス号が乗組員全員とともに沈没したという。

第六話 ── ドッペルゲンガー

もう一人の自分

ドッペルゲンガー（Doppelgänger）はドイツ語。doppel は double、gänger は goer で、直訳すると「そっくりに動く人」。つまり「生き写し」、「分身」、時に「生霊」。

必ずしも本人が自分のドッペルゲンガーを見るとは限らず、他人から別の場所で自分を見たと言われることもある。この現象は世界中に言い伝えとして残されており、一般的に肉体と霊魂が分離したものと考えられている。自分で見た場合は死の予兆との迷信も根強い。

筆者は子どものころ一時期夢遊病（むゆう）だった。ある晩、全く自覚もなく、パジャマのまま玄関の鍵を開けようとして父母から声をかけられ、びっくりして目が覚めた。布団の中で熟睡し

ていたはずなのに、なぜこんなところに立っているのか、わけがわからない。

後で母が涙をためながら言うには、少し前からおかしいと思っていた、時々玄関の戸が開いたままになっているし、寝る前に片づけたはずの履き物が出しっぱなしだった、それでお医者さんと相談し、ここ数日、寝ずの番をしていたのだ、と。

どうやらその夜を境に夢遊病は治ったらしい。背後から大声で呼ばれ、振り向くと両親がいて、寝ていたはずの自分はなぜか玄関にいる。2人のあの不安と恐怖の表情……鮮明な記憶となって残った。真っ暗な闇の中を小さな子がどこをどうさまよっていたのだろう。夜を一人歩く夢はみた記憶がない。自分で自分が怖くなった。

こうした経験があるので、それが睡眠時に起こる異常行動であり、小児に多く、思春期になればたいていは治る病気とわかった後も、ドッペルゲンガーや幽体離脱をただの幻覚と一笑に付すことはできずにいる。

もし、夜にパジャマ姿で歩いているところを見たと誰かに言われても、心は寝室にいた自分はきっぱり否定するだろうから。

数々のドッペルゲンガー譚

欧米におけるドッペルゲンガーについての記録は、19世紀半ば以降 著 (いちじる) しく増えている。

それはオカルトや降霊術の大流行と重 (かさ) なり、またスティーヴンソンの『ジキル博士とハイド氏』を筆頭に、ドストエフスキー、ロレンス、ポー、ワイルドなどが小説に取り上げることで、ブームはいっそう盛り上がったのかもしれない。

著名人の例をいくつかあげよう。

イギリスの詩人パーシー・ビッシュ・シェリー（1792〜1822）は、自分のドッペルゲンガーが妻メアリ（『フランケンシュタイン』の原作者）を絞め殺そうとするのを目撃した。それからしばらくして、ドッペルゲンガーはまた現れ、「いつまでこんなことをしているんだ」と怒鳴ったという。パーシーの死はその2週間後。ボートの転覆 (てんぷく) 事故による溺死であった。

フランスの作家ギ・ド・モーパッサン（1850〜1893）のドッペルゲンガーは、彼が小説を執筆しているところへ突然入ってきて、続きを口述 (こうじゅつ) して消えたという。ただしこ

の頃のモーパッサンは先天性梅毒が悪化し、痛み止めに多量の麻薬を摂取していたから、幻覚だった可能性が高い。

アメリカの第16代大統領エイブラハム・リンカーン（1809～1865）は、最初の大統領選挙戦の時、鏡の中に2人の自分を見たという。

イギリスの戦艦ヴィクトリア号の司令官サー・ジョージ・トライオン海軍中将（1832～1893）は、シリア沖での艦隊訓練中の衝突事故により、戦艦と乗組員357名とともに海の藻屑となった。ちょうどその頃ロンドンでは彼の妻が邸でパーティを催しており、複数の招待客から、軍服姿の彼を今さっき見かけたと言われたという。もちろんその時には、事故を知る者は誰もいなかった。

上記の例は、ほとんど伝聞である。シェリーがこう言っていた、リンカーンから聞いた、というような。

本人が書き残しているものでないと信じられない？　ではその例を引こう。

ドイツの作家ヴォルフガング・フォン・ゲーテ（1749～1832）が自伝『詩と真実』に記しているドッペルゲンガー目撃譚だ。

若きゲーテは恋人のもとへ馬を走らせていた。すると向こうから明るいグレーの服を着た

ドッペルゲンガーが馬に乗ってやって来るではないか。驚いたが、やがてそのことは忘れてしまう。8年後、ゲーテはまた同じ道を、今度は逆方向に馬を走らせていたが、その時忽然と思い出したのは、今の自分があの時のあのドッペルゲンガーと同じ明るいグレーの服を着ていたということだった。

数々のドッペルゲンガー譚。しかし実際には、幽霊譚と比べてはるかにその数は少ない。なぜだろう？　自分が自分を見る──その衝撃は幽霊を見るのと比べものにならぬほど大きいからではないか。幽霊などよりずっとずっと怖いからではないか……。

第七話 ── ゴーレム

プラハの魔術師ラビ・レーフ

　旧約聖書にも出てくる「ゴーレム」という言葉は、ヘブライ語のもともとの意味が「胎児」「未形成」「形なき素材」。それが次第にユダヤ伝承で「動く泥人形」になっていった。

　ラビ（ユダヤ教における宗教指導者）が命を吹き込んだという。

　人の形をしたその泥の塊、ゴーレムには、魂も感情もなく、創り手の命じるまま機械的に動くだけだ。素人がこねたので目鼻も形態もはっきりせず、どこか薄気味悪かっただろう。

　しかも勝手に暴走することがあった。ヘウム（現ポーランド）のラビ、エリヤが創ったゴーレムがその一例だ。

彼のゴーレムは時間が経つとともに驚くばかり巨大化し、暴れ出す。エリヤはゴーレムの額に刻印していた「Emeth（＝真理）」からEの文字を消し去った。すると「Meth（＝死）」となり、たちまちゴーレムは泥にかえるが、しかしその大量の泥に埋もれ、エリヤもまた死んでしまったというもの（フランケンシュタインや大魔神に影響が見られる）。

他にもさまざまなゴーレム伝説が語られてきたが、もっともよく知られているのは、16世紀後半、チェコのプラハで起こったとされるゴーレム事件だ。

当時のプラハはハプスブルク領。当主にして神聖ローマ帝国皇帝、別名「変人皇帝」ルドルフ2世が、宮廷をウィーンからここへ移したことで大いに栄えていた。

ルドルフ2世は政務には全く無関心で弟にまかせきり、結婚もせず、世継ぎをもつ気もなく、高等遊民として金にあかした道楽——芸術品収集とオカルト好み——を生涯追求した（さすがに晩年は蟄居させられるが）。プラハが「魔都」と呼ばれるようになったのも、ルドルフ2世が国内外からおおぜいの錬金術師、占星術師、魔術師、呪術師などを宮廷へ招聘して厚遇したからだ。

怪しげな者がほとんどだったが、中にはドイツ人天文学者ヨハネス・ケプラー（「ケプラーの法則」で有名）、デンマーク人ティコ・ブラーエ（当時としては最高度の天文記録を作

58

成)、イタリア人画家ジュゼッペ・アルチンボルド（果物や植物の寄せ絵でルドルフ2世の肖像画を制作）といった、今に名を残す著名人たちも含まれていた。

さらにもう一人、ユダヤ人のラビ・レーフことイェフダ・レーヴ・ベン・ベザレルも、ルドルフ2世と関わった。もちろん宮廷のお抱えだったわけではない（ハプスブルク家はカトリックの守護者を任じ、ユダヤ教とは相容れない）。そして他の諸都市と同じく当時のプラハでもユダヤ人は差別され、ラビ・レーフもプラハのゲットー（ユダヤ人居住地区）で暮らしていた。

にもかかわらずラビ・レーフが諸学に通じた大学者であり、且つさまざまな魔術を使うことは広く知られていたので、ルドルフ2世は彼の講義、とりわけ関心の強いカバラ（ユダヤ神秘学）についての講義を聴講したという。

このラビ・レーフがゴーレム伝説の主役として登場するのだ。なにしろケプラーの母親でさえ、魔女裁判にかけられる時代である。不老長寿薬も金の合成も、天使も悪魔も、魔女もゴーレムも信じられていた。

泥人形の裏切り

ラビ・レーフは説教したり書を著したりと非常に多忙だったから、土をこねて人形を作り、その口に護符を入れることで命を与え、只働きの下僕として飼っていた。ゴーレムは黙々と働き、安息日だけ、口から護符を抜き取られて泥人形にもどる。翌日はまた護符を入れられて働く。

ラビ・レーフはこのようにゴーレムを重宝して使っていたが、ある時、護符を取り出すのを忘れて他の町へ出かけてしまう。すると護符は突如として凶暴になり、家中を破壊しまくるではないか。近所の人々が気づいたが、誰もゴーレムを止められず大騒ぎになる。やっと呼び戻されたラビ・レーフが、苦心惨憺の末、ゴーレムの口から護符を取り出すことができた。

ゴーレムはもとの動かぬ泥人形となり、ラビ・レーフはそれを粉々に崩して、二度と命を与えようとはしなかった。

これら伝承の主眼は明らかだ。神ですら、土くれから創ったアダムに裏切られた。まして

映画『巨人ゴーレム』より
（監督パウル・ヴェゲナー／カール・ベーゼ　1920年）

人間ごときが単なる魔術で作った泥人形ならなお
のこと。人間は神の真似事などすべきではない。

では未来のゴーレムたるロボットは？　同じだ。

SF映画にひんぱんに登場する人造人間たち――

『ブレードランナー』『ターミネーター』『マトリ
ックス』etc.――は、人間に危害を加えぬよう厳
重にコンピューター制御されていたにもかかわら
ず、いつしか独自の意思と力を持つようになって、
人間を襲いはじめる……。

ゴーレムへの恐怖は過去のものではない。

第八話 ブロッケン山の魔女集会

ブロッケン山の妖怪

　日本とドイツの面積はほぼ同じだが、可住地は前者約30パーセントに対して、後者約70パーセント。ドイツがいかに平坦な国か、よくわかる。特に北ドイツは延々と平らかな大地が拡がる。また南ドイツも険しい高山はアルプスに近い南端に集中し、あとは森や丘など多少の起伏があるだけだ。

　ただしドイツ中央部はゆるやかに盛り上がり、低い山々が島状に集まったハルツ山地を形成している。ブロッケン山は、ここで一番高い。高いといっても標高1141メートル（鹿児島の桜島ほど）にすぎないが、それでも晴れた日の山頂に登れば周囲に遮（さえぎ）るものとてない

ため、360度の素晴らしいパノラマが見渡せる。

あいにく晴れた日は少ない。花崗岩の露出したこの山は、年間平均260日は霧に包まれるのだ。気象の変化も激しく、降雨量が多い上、強風も吹き荒れる。

海と同じく、山も異界だ。平地の住民にとって危険で不吉な場所である。ましてブロッケン山は、古来、妖怪や魔物の住処として恐れられているだけになおさらだ。

自分がもし中世に生きる旅人だったら、と想像してみてほしい。

高所といえば教会の塔や樹木しか知らない小村で生まれ育ち、やむを得ぬ理由でブロッケン山を越えねばならなくなる。妖怪に襲われて気がふれた者や滑落死した者がいるという噂を聞いていたので、明るいうちに山越えしようと、天気の良い暖かい日を選んで旅立つ。登るにつれて風が強くなり、帽子が吹き飛ばされる。イノシシが飛び出してきて、杖で追い払う。やがて深い霧がかかり、衣服がぐっしょり濡れて寒さに全身が震える。あたりは夕闇のように暗くなり、足元もおぼつかず、道に迷ったのではないかと不安は尽きない。そここに怪しいものが出現しだす。花崗岩の風化した岩塊（ブロック）を幽霊と見間違えたとわかった後でさえ、たなびく霧にそれらはなおまだ蠢いて見えた。

祈りの言葉を唱えながら登り続け、ついに山頂近くへきた。ありがたいことに、背後の雲間から陽が差しはじめる。

と、その輪の中に巨大な黒い妖怪が現れたではないか。驚きのあまり両手で頭を押さえると、その妖怪はまるで嘲笑うかのようにゆらゆらと同じ仕草をしてみせる。

力が抜けて尻もちをつくと、それすら真似される。

恐怖に髪の毛を逆立てながら、こけつまろびつ、無我夢中で山を駆け下りる。ふもとで出会った見知らぬ人に、妖怪だ、ブロッケンの妖怪が出た、この眼でしかと見た、喘ぎ喘ぎそう伝えると、相手も目を剥き、また出たか、村の皆に教えなくては、と走り出す……。

伝説の「ヴァルプルギスの夜」

物の怪も天使も悪魔も実在すると信じられた時代である。文字の読める者は一握りしかおらず、自然現象を科学で解明しようとの試みもわずかだった。

今でこそそれが「ブロッケン現象」なるものと知る人は多いが、この言葉自体、初めて使われたのは18世紀末と、かなり遅い。ブロッケン山でひんぱんに見られたことが命名の由来

雲霧に影が映り、
円形の虹に包まれて見える ブロッケン現象 （写真）

だ（もちろん条件が同じであれば、世界中さま
ざまな場所で見られる）。

太陽が背にあり、前方に深い霧がたちこめて
いるのが条件だ。その雲霧に自分の影が円形の
虹に包まれて映る――この現象の原理は、雲や
霧の水滴に当たった太陽光線の回折、即ち、光
と滴の綾なすマジックだ。影が一つの平面では
なく、幾層も通して映るため大きく見える。特
に光源の距離が近いほど、影も円虹もとてつも
なく巨大化する。

原理を知っていてさえ自然の神秘に圧倒され
るのだから、光学的知識の全くない昔日の素朴
な人間なら、まさか霧が鏡となって自分の影を
映しているとは思いもよらず、広大な空間に出
現した山怪と恐れ戦くのも無理はなかった。

「ブロッケン現象」という科学用語ができるまで、人々はこれを「ブロッケンの妖怪」と呼んでいた。

こうした怪異の発生するブロッケン山は、いつしか伝説の「ヴァルプルギスの夜」（またの名を「魔女の夜」）と結びついてゆく。4月30日の日没から5月1日未明にかけて、各地の魔女たちがブロッケン山に集まり、宴を催すというのだ。

これはゲーテの『ファウスト第一部』（1808年）に生き生きと描写されたことで、一躍、世界中に知られるようになった。ファウストが悪魔メフィストフェレスの案内で、ブロッケン山のヴァルプルギスの宴に参加するというシーンだ。老若男女問わず（魔女には男もいる）、また貴賤も問わぬ魔女どもや妖精・妖怪・霊たちが集い、祭りはたけなわ。ファウストも浮かれて美しい娘と踊るが、途中で彼女の口から赤いネズミが飛び出し、すっかり興醒めするのだった。

各地で行われた魔女の集会

魔女は定期的に集まり、乱痴気騒ぎを繰り広げる──そう信じられていた。その集会を

66

「サバト」という。語源はヘブライ語の「安息日」。それがいつしか魔女の集会（＝魔女の夜宴、夜会）の意味で使われるようになった。

サバト開催日は各国、各地方で伝承が違い、4月もあれば、10月のハロウィンや12月のクリスマスのところもあるし、毎週木曜、ないし金曜のこともあった。時間も夜とは限らず、昼の例さえ記録に残っている（記録というのは、言わずと知れた魔女裁判の記載であり、拷問されて苦しまぎれに何でも「自白」したに違いない）。

開催地も千差万別で、16〜17世紀の魔女狩り最盛期には、どの国にも数百ヵ所はあったというから驚きだ。荒涼たる野原、森、湖沼、地帯、墓地、廃屋といった人里離れた場所から、街なかの市庁舎や教会堂まで。しかし多くは、やはり山だ。フランスのピュイ・ド・ドーム山、アルプス、ジュラ、ピレネー山脈の山々。ほとんどの魔女たちは、家の近くのリバトに参加したことがわかっている。

ドイツでは何といってもブロッケン山だ。ここで年に一度開催されるサバトは「大サバト」であり、「ヴァルプルギスの夜宴」と名づけられている。ヨーロッパ中の魔女たちにとって、ヴァルプルギスの夜宴は一生に一度行けるかどうかの、お伊勢参りみたいなものだったのかもしれない。

捻じ曲げられた「春の祭典」

ヴァルプルギスという言葉は、イングランドからドイツに伝道に来た8世紀の聖女ヴァルブルガ（病気治癒の奇蹟を行った）が元とされる。ただし事はそう単純ではない。

キリスト教に席巻される前のドイツには、ヴァイキングとともに北欧神話が渡ってきていた。それによれば――主神オーディンは、ルーン文字の秘密を手に入れるため一度死に、しかる後に復活した（土の下の種子が時を経て芽吹くように）。それを記念して祝うのが五月祭であり、ヨーロッパ中に拡がってメーデー（5月1日）となった。

要するに異教の春の祭典だったのだ。春を迎える直前（4月30日日没から5月1日未明）のヴァルプルギスの夜には、冬と春が交じり合う。死者と生者の境も曖昧になる。夜明け前が一番暗い。生者に入り交じろうとする悪霊を払うため、篝火が焚かれた。そして5月1日の朝陽が昇って春到来だ。暗から明の激変を、人々は爆発的な喜びとともに迎える。

自然崇拝のこの祭りは、キリスト教が勢力を伸ばして土着の信仰を邪教と見なし、駆逐する過程で変質する。聖女ヴァルブルガの祝日を無理やり5月1日にすることで、異教の春の

68

フランシスコ・デ・ゴヤ『魔女たちの夜宴』（1797-98年）

　スペインの山中でも繰り広げられるサバト。画面右には、悪魔の化身たる真黒な牡山羊にいけにえの赤子をさし出す魔女。

祭典はキリスト教の領分となり、直前の暗闇は魔の跋扈する邪教の領分とされる。邪教は異端であり、異端者は悪魔崇拝者の魔女だ。

こうしてヴァルプルギスの夜は魔女らの集会となった。電灯のない時代、人々は夜を恐れて家にこもったのだから、平気で外に出るということ自体が魔女にしかできない業だ。サバトではありとあらゆるおぞましい行為が繰り広げられるという。性を抑圧するキリスト教のもとでは、おぞましさの筆頭が性的放縦となるのは必然であろう。魔女は淫乱とされる。

当時の魔女学の書物によれば、サバトにおいて魔王は牡山羊や犬の姿をして王座に腰かけており、魔女はそれぞれ嬰児の死体だの絞首刑になった男の舌などを捧げ、忠誠の証として彼の臀部に口づけするのだそうだ。

その後は新参者の入会儀式や、災厄——悪天候、飢餓、病気など——を呼び寄せる魔術を行い、いよいよ無礼講となる。食べたり飲んだり踊ったり、誰彼なしにフリーセックス。魔女の相手は、魔王、男の色魔、近親者、動物、死体までと幅広い。

オーディンの一時的な死から始まり、春を迎える準備として悪霊を払ったヴァルプルギスの夜が、ここまで捻じ曲げられたのだ。

オーディンとヒトラー

ところでオーディンはドイツでは通常ヴォータン。音楽愛好家はヴァーグナーの『ニーベルングの指環』を思い起こすに違いない。北欧神話を自由に翻案（ほんあん）したこのオペラにも、もちろん隻眼（せきがん）の老ヴォータンが登場する。

そしてヴァーグナーといえばヒトラーだ。ヴァグネリアン（ヴァーグナー心酔者（しんすい））だったヒトラーは、バイロイト音楽祭（ヴァーグナー作品のみを演奏する）を支援し、ナチス党大会で「ニーベルンゲン行進曲」を演奏させた。またフランスのマジノ線に対抗して建設した要塞（ようさい）は、ヴォータンの孫の名をとってジークフリート線と名づけている。

さらにヒトラーの片腕として有名なゲッベルス。彼は小柄なこともあり、「小さなドクター」だの「腹黒いドワーフ」といったあだ名が付けられていたが、他に、なんと「ヴォータンのミッキーマウス」というものまである。それはつまりヒトラーがヴォータンに見立てられたということだ。

そんなヒトラーがオーディン（ヴォータン）の死と復活の神話を知らなかったはずがない。

となれば、ヒトラーが4月30日という日を選んで自殺したことに、何か意味があったと考える研究者がいても不思議はないし、また痛烈なナチス批判の書が、『第三のヴァルプルギスの夜』（カール・クラウス著）というタイトルなのも頷けよう。

近隣社会に溶け込む魔女

魔女は近隣社会に溶け込み、人と変わらぬ日常を送っている。ところが陰では妖術を使い、密かに農作物を枯らし、人間や家畜を呪い殺している。そして彼女らの総大将たる魔王に招集されれば、体中に特別な軟膏を塗り、箒にまたがって夜空を飛翔し、高い山上であれ、国境を越えた遠方の森であれ、サバトの開催地へ向かうのだ。狂騒に満ちた夜宴は一番鶏の啼き声とともに終わり、その後は文字どおり家へ飛んで帰って、何喰わぬ顔でいつもの生活にもどる——そう信じられていた。

この裏の顔と表の顔をうまく表現した面白いバラードがある。19世紀の作家ヴィリバルト・アレクシスの詩に、レーヴェとブラームスがそれぞれ違う曲をつけた小品。タイトルは『ヴァルプルギスの夜』。

72

幼児と母親の対話形式で進む。

「お母さん、夕べは雨と風がすごかったね」

「5月1日だもの、坊や」

「お母さん、ブロッケン山で雷が鳴ってたね」

「坊や、あそこには魔女が集まっていたの」

魔女はどうやって飛ぶのか、村にも魔女がいるのかと質問攻めにする子どもに、母はいち

いち答えてやる。そして最後に——

「お母さん、うちの箒（ほうき）が夕べはなかったね」

「坊や、あれはブロッケン山へ行ってたの」

「お母さん、お母さんも夕べはベッドにいなかったね」

「だってお母さんもブロッケン山で夜明かししたんだもの」（筆者訳）

ヨーロッパ全土に吹き荒れた魔女狩りの嵐

魔女の存在は紀元前から知られていた。迫害例は数えきれないほどあったが、しかしそれ

ルイス・リカルド・ファレロ『魔女の旅立ち』（1878年）

　スペイン人画家ファレロのエロス満点のサバト。牡山羊、黒
猫、コウモリ、箒と、アイテムもきちんと描き込まれている。

は魔女と見なされた人間が明らかに反社会的行為をしたとの理由からである。変化は14世紀ころから起こり始める。ペストに繰り返し襲われ、長い氷河期で不作や飢餓が続き、ルターの宗教改革で社会不安が生じるなどの過程で、魔女は魔女というだけで罰せられるべきだという気分が高まり、ついに教会が魔女は死刑と決定したのだ（新約聖書には魔女の「ま」の字も出てこないのに）。

15世紀後半には、魔女とは何かを定義し、魔女裁判の段取り（要は拷問のやり方）を詳述した『魔女の鉄槌』が出版される。ドミニコ会士の異端審問官クラーマーの著書で、今でこそ悪名高いが、当時は各国語に翻訳されて良き参考書とされた。だが文字の読めぬ庶民に魔女の姿、魔女の行いをリアルに伝えたのは木版画のほうだ。大量に出回ったそれら魔女版画が、人々を疑心暗鬼に駆り立て、密告を奨励した。

こうしてカトリック、プロテスタントを問わず近世に至るまでの長期間、魔女狩りの嵐が――ブロッケン山の雷鳴もかくやの凄まじさで――ヨーロッパ全土に吹き荒れた。魔女と密告された人間（その大部分が庶民の女性）は、魔女の五つの条件（呪術の使用、悪魔との契約、悪魔との性交、飛行、サバトへの出席）に当てはまるかどうか裸にされて尋問され、ありとあらゆる拷問を受けて「自白」に追い込まれ、仲間の名も「白状」させられたあげく公

開処刑された。多くは生きたままの火炙りで。

この狂信的集団ヒステリーを導いたのは、社会の支配層（イングランド王ジェームズ1世は『悪魔学』を著し、魔女取締法を強化した）や宗教人や知識人だった。しかし時代が下るにつれ、彼らのうちいったいどのくらいが魔女の存在を心底信じていたか、あやしくなってくる。小麦の値段と魔女狩りの明らかな連動は、社会的不満のガス抜きを想起させるし、魔女として処刑された者の財産を公的遺産と認可した市町村では、他のところより著しく魔女が多かった。また尋問記録を読むと、心理学者ならずとも、審問官のサディズムと抑圧された性的嗜好がわかる。

魔女狩りの実相を知れば知るほど人間であることが嫌になってくる……。

魔女裁判終息後のドイツ

魔女裁判はスイスにおける1782年が最後とされる（異説あり）。もうすぐフランス革命という時期まで魔女狩りがあったことに、暗澹たる思いを抱かぬ者はいないだろう。

魔女と認定されて殺された者の総数は、正確にはわかっていない。研究者によって4万、

数十万、数百万と、大きな開きがある。いずれにせよ、拷問中に死んだ者はカウントされていない。

今やブロッケン山を含むハルツ地方の町々ではヴァルプルギス祭が開催され、世界中から仮装した魔女たちが集まる。魔女狩りにおける犠牲者はドイツが圧倒的に多かったという黒歴史は忘れられ、登山鉄道も通るようになったブロッケン山は明るい観光地だ。

しかしここに至るまでには、実はもうワンクッションあった。魔女裁判が終息し、一世紀強を経て第二次世界大戦も終結した時、ドイツは東西に分断された。ハルツには共産主義国と資本主義国の国境線が引かれ、ブロッケン山の頂は東ドイツの領土となって、ソ連の秘密軍事施設が建てられた。周囲は封鎖され、1989年のベルリンの壁崩壊まで、関係者以外立ち入り禁止だった。

魔女フェスティバルで盛り上がることのできる現代は、なんと平和で幸せなことか。

第九話 —— 蛙の雨

起こるはずのないことが起こる

　2000年日本公開のアメリカ映画『マグノリア』（監督P・T・アンダーソン）は冒頭、実際に起きた奇妙な事件を3例、ドキュメンタリー風に紹介している。偶然の重なりあいによって導かれた、とうてい現実にはありえないような出来事を、「それでもそれは起こった」と。

　例えば、自宅アパートの屋上から飛び降りて自殺を企てた青年は、転落死ではなく射殺だった。なぜなら彼は落下の途中、ある部屋から発射された銃弾に体を貫かれたからだ。しかも撃ったのは彼の母親！

狙ったわけではない。夫婦仲の悪かった彼女は夫を銃で脅し、引き金を引いた。まさか息子が飛び降りの最中とは知らずに。しかもその弾は夫には当たらずガラス窓を壊し、たまたまその瞬間、そのコースを落ちてきた息子に命中――こんな偶然の起こる確率など天文学的だということは誰にもわかる。それでもやっぱりそれは起こった。

本編はここから始まる。9人の主要登場人物の、互いに絡みあった細い線が巧みに描かれる。誰もが心に深い傷を負い、人生と格闘しながらも少しずつ坂を滑り落ち、のっぴきならぬ窮地（きゅうち）に陥ったその刹那（せつな）、それは起こる。突然の豪雨。だが降ってきたのは蛙。何千匹もの蛙が空から落ちてきて、地面に叩きつけられる。驚愕（きょうがく）がおさまると、9人はまるで慈雨（じう）を得て蘇（よみがえ）る草木のように再生してゆく……。

実はこの蛙の雨、フィクションではない。そう知っているか否かで、映画の後味はずいぶん変わってくるのではないか。

「変なもの」が降ってくる

降るはずのないものが降る。この現象は今では「ファフロツキーズ（Fafrotskies）」と呼

ばれる。「FAlls FROm The SKIES（空からの落下物）」の大文字を組み合わせた造語だ。

蛙の例が多いがそればかりでなく、要は「変なもの」が降ってくること。オタマジャクシ、魚、亀や小型のワニ、植物、硬貨、血までである。初期の目撃譚は驚くなかれ、2000年も昔の古代ローマ時代に遡る。記したのは、紀元1世紀の博物学者プリニウスと2世紀の著述家アテナイオス。前者は「ミルクや血が降ることもある」、後者は「蛙が大量に降って道も家も蛙だらけになった」と。

その後しばらく記録は途切れるが、16世紀のイタリアの書物の挿絵に魚の雨が描かれているし、17世紀のイギリス人の手紙に蛙の雨について報告がある。18世紀の木版画には、ルーマニアにおける魚のどしゃ降りの様子が彫られている、などなど。

次第に明らかになったのは、この現象がヨーロッパだけではなく、世界中で語り継がれてきたという事実だ。江戸時代の『和漢三才図会』にも「怪雨」として綿糸のようなものが落ちてきたことが記されている。

19世紀以降は、現象自体が増えたのか、記録する者が増えただけなのかは定かでないが、とにかく目撃情報は格段に増える。アメリカの生物学者が、科学雑誌『サイエンス』に魚の雨について投稿したのは1949年だ。日本人にとって特に記憶に新しいのは、2009年、

80

ファフロツキーズ現象を描いた版画（16世紀『北方民族文化誌』より）

画面左に船が見える。港町で実際に起こった「魚の雨」の様子。

石川県七尾市にオタマジャクシの雨が降り、100匹を数えたという新聞記事だろう。ネットで写真も見られる。

『マグノリア』における凄まじい蛙の雨は、1901年のミネアポリスでの事件が元になっていよう。なんとこの時は町の4ブロックが蛙で埋め尽くされたというのだ。

さて、近代文明人たる我々がこの現象を解明したかといえば、全くそんなことはない。仮説はたくさんあっても万人を納得させられないのだ。竜巻説では、なぜ落下してくるものが1、2種類に特化されるのか、理由が説明できない。鳥が口にくわえて落としたという説は、大量落下の説明には不十分だし、空に鳥の群れがいたとの証言もない。テレポー

ト（瞬間移動）説や宇宙人の実験説は、トンデモ論扱いされている。いたずら説は大いにあり得るが、全部がそうだったというには事例が多すぎる。

錯覚説も同様だ。あるはずのない場所に魚や蛙が散らばって落ちていれば、目撃したわけでもないのに空から降ったと思い込み、ひいては降ってきたのを見たと錯覚する人間の心理だ。しかし先述した生物学者の場合は、レストランにいて従業員に促されて空を見上げ、魚が降ってきたのをはっきり見たと書いてある。ミネアポリスの例も多くの目撃者がいるので、錯覚説は成り立たない。

そもそもなぜ蛙が多いのか、非常に奇異なことではある。謎は解けぬまま、それでもやっぱりそれは起こったし、起こり続けている。

人知を超えたこの現象が科学的に説明される日がくるのだろうか。そうなれば、イグノーベル賞受賞は間違いなし。

82

第十話 ── ドラキュラ

ルーマニアの歴史

2015年、ロイター発のこんなニュースが世界を駆けめぐった──ルーマニアで開催の音楽祭が輸血センターと提携し、「我々は大変な問題(bloody problem)に直面している。血(blood)が必要なのはヴァンパイア(吸血鬼)だけじゃない。吸わずに提供を!」と呼びかけたというのだ。献血するとチケット代が割り引かれた由。

なんと洒落たPRだろう。ルーマニアとヴァンパイアがセットなのを世界中に思い起こせ、巧みな観光誘致にもなっている。近年はトランシルヴァニア地方のブラン城をドラキュラ城として大いに売り出し中でもあり、ヨーロッパでの存在感の薄さをカバーしたいという、

その意気込みや、良し。

ルーマニアが国家として成立したのはかなり遅い。古代ローマ時代には野蛮人が住む辺境の地と見なされ、やがて帝国に征服される。14世紀にようやくワラキア公国とモルドヴァ公国が生まれたが、オスマン・トルコとの度重なる戦の末、ついにその支配に屈した。19世紀半ばにルーマニア公国となったが、国際社会から正式に独立国と認証されたのは1878年だ（ルーマニアという名は「ローマ人の国」を意味し、自らを古代ローマ人の子孫と宣言したと同じ）。

その後も平坦な道のりではない。第二次世界大戦では日独伊とともに枢軸国側で戦って敗戦。戦後はソ連により王政廃止のうえ共産主義化され、1965年からは悪名高いチャウシェスクの独裁政権が四半世紀も続く（体操界の妖精と呼ばれたあのコマネチが、無理やりチャウシェスクの息子の愛人にされている）。

そしてベルリンの壁崩壊の1989年がやってきた。ルーマニアでも革命が勃発し、チャウシェスク夫妻（妻も副首相として権力を振るっていた）は首都ブカレストから逃亡したが、トゥルゴヴィシュテで捕まる。ただちに軍事裁判にかけられ、6万人の国民虐殺と不正蓄財の罪で即日銃殺された。12月25日のクリスマスだった。処刑の一部始終はテレビで世界中に

流され衝撃を与えたので、記憶する日本人も少なくないだろう。

「串刺し公」ヴラド3世

さて、血なまぐさいこの事件が他ならぬトゥルゴヴィシュテで起こったことに、何やら因縁（いん）めいたものを感じざるを得ない。というのも、この町はドラキュラと深く関係しているからだ。かつてここには、ワラキア公国の君主ヴラド3世（1431〜1476）の居城があった。城はすでに破壊され、今やわずかな残骸（ざんがい）があるばかりだが、周辺の建物とともに博物館として公開されている。トランシルヴァニア生まれのこのヴラド3世こそが、ヴラド・ツェペシュ、またドラキュラ公という二つの異名で知られる伝説的人物。ルーマニア人にとっては、トルコ軍を（一時的とはいえ）撃退した英雄でもある。

ツェペシュは「串刺しにする者」の意で、文字どおり敵や裏切り者をおおぜい串刺し刑に処したことから付いたあだ名だ。もう一つの「ドラキュラ」は、当時まだ吸血鬼と結びついていなかった。父王ヴラド2世がドラゴン騎士団の一員となり、そこからヴラド・ドラクル（竜王）の異名をたてまつられたため、息子の3世が「ドラクルの子」ないし「竜の息子」

を意味する「ドラキュラ」と呼ばれたのだ。面白いことにドラゴンには竜の他に悪魔を指す場合もあり、ヴラド3世の残酷さが喧伝されるに従って、竜より悪魔的意味合いのほうが大きくなる。

串刺しに関しては、トルコ軍の斥候が城から遠く離れた森で見たとされる。さまざまな高さの杭が半円形に1・5キロほども並べられ、トルコ人捕虜の死体が何万体も突き刺さっており、その陰惨な光景に怖気づいて早々に軍も撤退したという。戦乱の時代なので、あり得ないことではない。

また同時代の年代記には次のような記載もある。ヴラド3世はトゥルゴヴィシュテに貧民、物乞い、病人などを一ヵ所に集めて建物ごと焼き殺し、これで国は豊かになったとうそぶいたという。次第に話は陰惨の度合いを増し、拷問や八つ裂きを見ながら食事を楽しんだ、血を見るのを好んだ、云々と、「ドラクルの息子にして串刺し公」のイメージは吸血鬼めいてゆく。

トゥルゴヴィシュテの彼の居城が現存しないのも、伝説にとってはむしろ幸いだった。平城より山城のほうがはるかに趣があるからだ。トランシルヴァニアの断崖絶壁に建つブラン城は祖父ミルチャ1世の居城で、ヴラド3世自身はごく短期間使用しただけらしいが、それ

ドラキュラのモデルとされた
ヴラド3世の肖像
（1560年頃、作者不詳）

でもドラキュラ城と呼ぶにふさわしく、陰々と赤い尖塔を空に突き刺して威容を誇っている。

かくしてブラム・ストーカーの小説『吸血鬼ドラキュラ』誕生の下地はできたのだった。

小説　『吸血鬼ドラキュラ』

アイルランド生まれの作家ブラム・ストーカーが『吸血鬼ドラキュラ』をイギリスで刊行

したのは、1897年。恐怖小説の古典として今なお世界中で愛読され、映画化も数限りない。

しかし実のところ、死者が蘇って生者の血をすする吸血鬼伝承は驚くほど起源が古く、世界中にさまざまな名称で存在してきた。ヨーロッパでもすでに古代ギリシャからあったとされるが、ヴァンパイア（vampire）という言葉が用いられるのは18世紀以降だ。リトアニア語の「wempti（飲む）」から来たらしい（異説もある）。

吸血鬼信仰は人間のもつ、死にたくない、死んでもなお生きていたい、という凄まじい生への執着からきていよう。そこへさまざまな要素が流れ込む。大規模なペスト禍、血を聖なるものと捉えるキリスト教、不老不死をめざした錬金術、早すぎた埋葬、腐らぬ遺体、死者への未練、吸血コウモリ、血液の病気などが撚り合わさってヴァンパイアへと結晶した。

生ける死者の目撃譚は、当然ながら中世の闇が払われると激減したが、18世紀末からのロマン主義時代に劇的に再燃する。啓蒙思想や物質主義への反感が、超自然的存在を信じていた過去への懐古を促したのだ。当然ヴァンパイアも復活する。ポリドリがバイロンの名で発表した『吸血鬼』、ゴーチエの『死女の恋』、レ・ファニュの『女吸血鬼カーミラ』、さらには大量の通俗本もでまわったが、そうしたありとあらゆる吸血鬼ものの集大成というべき作

88

品がストーカーの『吸血鬼ドラキュラ』だった。

インテリで学究肌のストーカーは、新しい吸血鬼小説を書くにあたり、これまで出版された諸作品は無論のこと各地の民間伝承の資料を読み漁ったり、大学の教授に教えを乞うたりするうち、ヴラド3世に行き当たる。自作の主人公の名をドラキュラに決めたのは、その異国的な響きが気に入ったからだ。遠いトランシルヴァニアに居城を持つ高貴で謎めいた伯爵という設定も、エキゾティシズムの効果を十分踏まえてのことである。

小説の構造は記録形式となっており、若いイギリス人ハーカーの日記、彼の妻とその友人ルーシーの手紙、医者の日記、新聞記事、吸血鬼退治の学者ヴァン・ヘルシングの手記などが入り混じり、少しずつドラキュラの全貌が浮かび上がってくるとともに、あたかも現実の出来事であるかのように読者に思わせる仕掛けだ。

驚いたことに、作者は一度もトランシルヴァニアへ足を踏み入れたことがないにもかかわらず、その独特な雰囲気をみごとに活写している。この一帯はルーマニア中部に位置し、カルパチア山脈と南カルパチア山脈（＝トランシルヴァニア山脈）にはさまれて交通の便が悪く、当時の住民のほとんどは極貧で文字が読めず、啓蒙の光もなかなか射し込まなかったため、中世からの迷信が永らえてきたと言われている。彼らの心のうちには、狼と同じく吸血

鬼も実在し、家の庇には魔除けのニンニクをぶら下げていた。いかにもドラキュラにふさわしい舞台ではないか。彼はここで誕生し、大都市ロンドンへ渡って恐怖をまき散らすことになる。

ドラキュラ伯爵の魅力

最初の登場でドラキュラ伯爵は老いて長い白ヒゲを生やしているが、人間の生き血をたっぷり飲んだ後は若返って髪も黒くなる。背は高く、鷲のように精悍な顔、太い眉、蒼白の肌、生々しく赤い唇、鋭い犬歯、そして深い教養、貴族的立ち居振る舞い。だが鏡に姿は映らず、日光とニンニクと十字架に怯える。陽があるうちは地下の棺で眠り、夜に血を求めてさまよう。

ドラキュラ伯爵の魅力は、超人でありながら凡人にはどうということのないものがアキレス腱になっていること、そして何よりセクシーで、死とともに恍惚を与えることだ。それは残虐なだけのヴラド3世とも、伝承の中の吸血鬼たち（犯罪者、自殺者、破門された者がなる）とも決定的に違う。

90

ストーカーの語り自体がきわめて映像的なところへもってきて、時代はすでに映画という新技術を生み出していたので、両者は幸せな結婚をする。ドラキュラは無声映画になり、トーキーになり、カラー映画になって人々の無意識に深く入り込み、魅力はいっそう増すばかりだ。ドラキュラ定番の、真っ黒な長マントは映画が付け足したものである。

連綿と美術で表現されてきた「死と乙女」を思い出してほしい。この主題は、はじめは単なる「生のそばにいる死」にすぎなかった。そのうち「生の謳歌＝若く美しい裸体の娘」を無情にあの世へ連れ去る「死＝骸骨」になり、次いで「死」に凌辱されて貞操を失う図へと進む。さらに「死」がフード付きマントや翼で見た目の「醜」を脱すると、「乙女」もまた「死」に魅了されてゆくのだ。

ここへきてドラキュラとも重なる。

現代の我々がイメージするドラキュラは、エロスとタナトス（死への欲動）の目くるめくエクスタシーを約束する存在だ。彼を前に怯える美女は、死を恐れているのか、それとも恍惚の予感に震えているのか……。

ドラキュラが闇のスーパースターになった理由は、そこに違いない。

第十一話 ── 犬の自殺

自死する犬

犬が自死することはありえるのだろうか？

吉村昭の短編集『天に遊ぶ』は、現実に起こった出来事をもとに作品化しており、その中の「自殺」はこんな話だ──愛犬の具合が悪くなり獣医のところへ連れてゆくと、末期癌（がん）でこれから苦痛が生じるから、安楽死も考慮に入れたほうがいい、と言われる。帰宅してすぐその犬は（それまで一匹では外へ出たことのない室内犬なのに）、いきなり猛ダッシュで往来の激しい道路へ飛び出て車にはねられ即死した。自殺のようだった。

筆者も友人から直接こんな体験談を聞いた。彼女のペットは中型犬で、高層マンション内

で飼っていた。ある日、犬に留守番させての外出の際、ベランダの窓はいつものように細く開けておいた（いずれにせよ犬は高所を怖がり、それまでベランダへ出たことは一度もない）。帰宅すると、犬は墜落死していた。警察の検証によれば、自分で戸を開け、ベランダへ出て、狭い手すりの隙間からそうとうに無理をして体を通し、自らの意志で落ちたとしか考えられない、と。なぜ自殺したのだろう、と彼女は取り乱していた。

犬が飛び降りる橋

スコットランドのダンバートンにオーヴァートン・ハウスがある。建設されたのは19世紀半ば過ぎだが、いわゆる「スコットランド男爵建築」と呼ばれる様式で、中世風の塔を持つ古城の趣だ。

30年ほど後、この城と近村を隔てていた川に石橋が架けられた。何の変哲もない殺風景な橋だが、霧の濃い夕暮れなどには目の前に聳え立つ擬古城とともに薄気味悪い雰囲気を醸し出したのかもしれない。

さらに半世紀が過ぎた1950年頃、オーヴァートン橋で怪異が始まる。しかしそれは霧

や闇とは正反対の、よく晴れた日中に、しかも橋の決まった場所で起こるのだった。自殺橋の異名もつく。ただし13メートルの高さから飛び降りて死ぬのは人間ではなく、犬。それもコリーやレトリーバーといった、鼻先の長い大型狩猟犬に限られた。

いったい今まで何頭の犬が命を落としたか、正確な数は不明だ。50頭、いや、600頭だと噂されるが、実際に飼い犬と橋を散歩していて、いきなり犬がリードを振り切って飛び降りたり、飛び降りかけたのを危うく引き留めたりという事態に陥った生き証人はさほど多くない。飛び降りても命に別条のなかった犬もいるので、せいぜい5、6頭が死んだだけと考える者もいる。

とはいっても、オーヴァートン橋から飛び降りたがる犬が相当数いたのは紛れもない事実だ。橋には近年プレートも取り付けられた。犬をつれて渡るときにはリードを放さないように、との警告文である。

橋の謎

謎を解明しようと、さまざまな説が唱えられた。この土地はケルト神話におけるシンプレ

94

イス（霊界に近い場所）だからとか、古城の幽霊が誘うとか、かつて数キロ先の軍港で潜水艦のソナーが発せられて犬の聴覚を攪乱した、等々。どれも万人を説得するには至らなかった。

最新且つ科学的にもっとも納得できるとされるのは、嗅覚説。オーヴァートン橋の下にはミンクが群棲しており、天気の良い日はその臭いが橋上まで立ちのぼってくるため、狩猟の血が騒いだ犬が、後先考えず飛び降りた、というもの。まるで猫にマタタビだ。狩猟犬はそんなに愚かなのか？ その点に関しては、下に灌木が生い茂っていて橋の高さを見誤った可能性がある、と補足されている。

もちろんこの説もまた、万人に受け入れられているわけではない。なぜなら、世界中の橋のうちオーヴァートン橋だけに魅力的なミンクの香り（？）が立ちのぼってきているとは信じがたいからだ。他の橋で同様の犬の行動が見られない限り、これで解決とはならない。また目撃情報によると、飛び降りた犬が再び橋にもどってもう一度飛び降りたこともあったというから、それが本当ならますますミンク説は揺らぐ。

そもそも科学的検証には、犬は自死するだけの頭脳や魂を持たないという前提条件が付いている。人間と動物を厳然と分かつキリスト教的思想からすればそうなるわけだが、日本

人の多くは輪廻転生で人間が動物にも虫にも生まれ変わりえると漠然と思っているので、犬の自死も受け入れやすいのだろう（なぜこの橋からか、という謎は残るにしても）。

もしかすると、犬の自殺は世界各地で想像以上に多いのかもしれない。だが遥かに多いのは獣医の自殺のようだ。スイスの日刊紙『ＮＺＺ』によれば、獣医は人間相手の医者の５倍も自殺者が多い。動物の寿命は短いため、動物好きの獣医はひんぱんに死と向き合い、それがストレスとなるのではないか、とのこと。

第十二話　ホワイトハウスの幽霊

リンカーンの幽霊

アメリカ大統領の公邸にして政権中枢でもあるホワイトハウスには幽霊が、それもエイブラハム・リンカーンの幽霊が出ることは（アメリカ人なら）誰でも知っているのだそうだ。

歴代大統領で人気ナンバーワンを誇るリンカーンだけに、彼の幽霊を見たとされる人も錚々たるメンバーだ。イギリス首相チャーチル、オランダ女王ヴィルヘルミナ、ルーズベルト大統領夫人エレノア、アイゼンハワー大統領の報道官ハガティ、トルーマン大統領の娘、レーガン大統領の娘など。

他にホワイトハウスのスタッフも入れると、目撃者は50〜60人ではきかないだろう。リン

97

カーンの幽霊は窓からポトマック川を眺めていたり、客人の泊まっている部屋の扉をノックしたり、ホールを歩きまわったりするようだ。遭遇して気絶した女性もいたというが、建設後たかだか２００年余の、しかも明るい白い壁とあっては、幽霊の出方も迫力に欠ける（１０００年近い血塗られた歴史をもつロンドン塔のおどろおどろしさとは比べものにならない）。

リンカーンが予知夢を見た話もよく知られている。彼は暗殺数日前、妻や友人らに次のような話をした由――ホワイトハウスのイースト・ルームに棺が置かれ、皆が泣いている。誰が死んだのかと訊くと、大統領が暗殺されたのです、との答えが返ってきた。

こうした言い伝えや幽霊譚は、果たしてどこまで証明できるものだろう？ 目撃者にしても、心では信じていても公的な場で改めて聞かれれば否定するかもしれない。幽霊譚ほど説明が難しく、他人に信じてもらいにくいものはないのだ。

リンカーンとケネディの奇妙な一致点

では、絶対的事実の呈示だけでこの世の不思議を味わえるエピソードを見よう。リンカー

暗殺される直前のケネディ大統領
（ヴィクター・ヒューゴ・キング撮影　1963年）

ンとジョン・F・ケネディとのシンクロニシティ（共時性、ないし意味ある偶然の一致）についてだ。

第16代大統領リンカーンは「人民の人民による人民のための政治」という演説、また南北戦争を終結させて奴隷解放宣言を発布したことで歴史に名を残した。だが奴隷解放に反対する暗殺者によって、芝居の観劇中に撃ち殺された。

第35代大統領ケネディも人種差別問題に取り組んだ。またキューバ危機を乗り越え、宇宙開発や対ソ協調外交でも成果を出し、これからいっそうと期待されたさなか、ダラス遊説のパレード中に狙撃された。

活躍した時代におよそ一世紀の開きがある2人だが、奇妙な一致点が異様なまでに多い。

・リンカーンが連邦下院議員に初当選したのは1846年、その100年後の1946年にケネディが連邦下院議員に初当選。

・リンカーンの大統領選出は1860年、ケネディの大統領選出はそのちょうど100年後の1960年。

・大統領選の対立候補は前者ダグラスで1813年生まれ、後者ニクソンで100年後の

100

芝居観劇中に銃殺されたリンカーン大統領（カリアー＆アイヴズによる版画　1865年）

劇場の二階桟敷席。暗殺者のピストルが白煙を吹く（当時の銃はそうだった）。隣の夫人は音に驚く。左端のラスボーン少佐はすでに立ち上がり、犯人に突進しようとしている。

・1913年生まれ。

・ケネディの秘書官の一人はリンカーンという名だった。

・リンカーンはフォード劇場で撃たれ、ケネディはフォード社製リンカーンに乗っていて撃たれた。

・どちらも後頭部を狙われている。公衆の面前での暗殺の場合、ふつうは胸部を狙うことが多いにもかかわらずだ。

・両大統領とも厳重な護衛を嫌がった。リンカーンの場合、桟敷席にボディガードはいなかったし、ケネディの場合、オープンカーのルーフを取り外させてパレードで手を振った。

・どちらも撃たれたのは金曜日（イエスが磔刑された曜日なので、キリスト教徒にとっては特別な意味あいをもつ）。

・隣に妻が座っていたが2人とも無事。他に一組のカップルがいて、男のほうが重傷を負っている（リンカーンと桟敷席に同席していたのはラスボーン少佐とその婚約者。少佐は犯人に体当たりしてナイフで刺された。ケネディと同乗していたのはテキサス州知事コナリーと夫人。流れ弾が知事の体を貫通した）。

・リンカーンを殺したブースもケネディを殺したオズワルドも、裁判にかけられる前に射殺された。前者は逃げる途中で警官に、後者は護送途中でジャック・ルビーに。

・ブースは劇場で撃ち、納屋（倉庫）に逃げた。オズワルドは倉庫から撃ち、劇場（映画館）へ逃げ込んだ。

・両大統領の後を継いだ副大統領はどちらも南部出身の民主党員で、名はジョンソン。アンドリュー・ジョンソンは1808年生まれ。リンドン・ジョンソンは100年後の1908年生まれ。

　──驚愕するばかり。

第十三話 ──── エクソシスト

21世紀のエクソシスト

もう十数年前になるだろうか、友人の修道女（当時はアメリカ在住）からこんな話を聞いた。

──エクソシストの資格を持つ神父の体験談だという。

──ある一家が悪魔の取り憑いた家を購入してしまい、さまざまな怪異や不幸が続くため困り果て、悪魔祓いを頼んできた。行ってみると建物全体が澱んでいたが、赤ちゃんのいる子ども部屋だけは清浄だった。数日悪魔祓いの儀式を行い、大丈夫と思われたが、結局その家族は引っ越した。

これだけだ。

俗世の人間としては儀式の細部を知りたいところだし、悪魔は退散したのか、今なお棲みついたままなのかも明らかにしてほしかったが、彼女自身がそうしたことに関心がなく、いっさい訊ねなかったという。エクソシストの数は非常に少なく、直接会う機会もめったにないので、彼女としては神学について教えを受けることのほうが大事だった由。

それにしても、21世紀になってなおエクソシストの出番があるということに、その時はかなり驚かされた。もちろん『エクソシスト』(監督W・フリードキン、1973年アメリカ映画)は観ていたし、そもそもエクソシストという存在を知ったのもこの映画からだったが、だとしてもあくまで作り話の域を出るものではないと思っていた。

悪魔に憑かれた女性

しかし映画公開の3年後、ドイツでアンネリーゼ・ミヒャエル事件が起こる。これはアンネリーゼという20代の女性に悪魔が憑いたと信じた両親が、エクソシスト2人に依頼したのが発端だ。エクソシストはアンネリーゼにルシファー、カイン、ユダ、ヒトラーなどが憑依しているとして、10ヵ月にわたり70回近い過酷な儀式を執り行った。その結果、彼女は栄

養失調と脱水症状で死去（体重は30キロにまで落ち、跪（ひざまず）いただけで脚を骨折した）。2人のエクソシストと両親は告訴され、怠慢（たいまん）による過失致死罪で全員有罪となる。儀式を許可したカトリック教会そのものにも非難が集まった。

世界中がこの事件に震撼（しんかん）し、悪魔祓（ばら）いに対して規制が厳しくなったという情報が日本にも入っていたので、これを機にエクソシストはほぼ消滅したとばかり思っていた。ところがそうではなかった。2005年に教皇となったベネディクト16世が――前教皇と異なり――悪魔祓いの儀式を広く支持。以降、エクソシストの需要は急増しているという（先述の友人がエクソシストから話を聞いた時期とまさに重なる）。

今ではその頃よりさらに需要が増え、エクソシストの数が足りないため電話での遠隔儀式まで行われているらしい。歴史という不思議な生きものは一直線には歩まないということだろう。

聖書に書かれたエクソシズム

キリスト教は悪魔の存在を前提としている。エクソシスト（exorcist）とは、「悪魔祓いを

する祈禱師、祓魔師」の意で、エクソシズム（exor-cism）、即ち「悪魔を追い払うこと、悪霊除け、厄除け」を行う者を指す。語源はギリシャ語の exorkismos で、これは「厳かに問いかけること、または勧告」であり、悪霊に勧告し、退去を命じること。それがエクソシズムの主目的だ。またエクソシズムが教会法の定める秘跡の一つであることとは、一貫して変わらない。

エクソシズムを行ったもっとも著名な人物といえば、イエス・キリストその人。マタイ伝、ルカ伝、マルコ伝の三福音書に記された「ガダラの豚」のエピソードである。

──イエスが弟子たちとガダラの地へ到着すると、墓場に住んでいた2人の男が近づいてきた。2人は穢れた悪霊に取り憑かれていたので、叫び、暴れ、自傷他傷を繰り返し、町の人は誰も近づけないほどひどいありさまだった。しかしイエスに面と向かうと憑依していた悪霊は怯えだし、こう頼んだ。人間の体から出されて底知れぬ場へ追放されるよりは、近くの豚の群れに憑かせてほしい、と。

イエスは言った、「行け！」。

するとそれまでおとなしくしていた不浄の家畜（ユダヤ人は豚を食べない）が突如としてパニック状態に陥り、狂乱して我先にと走りだす。その数、二千頭と言われるほどの人群

だったが、それが高い崖からはるか下の湖へ飛び込み、ことごとく溺れ死んだ。

この場合、奇跡を行うイエスのパワーが強力なため、悪霊は勧告される前に自ら出てきて、「行け」という退去令に従ったのである。

では通常のエクソシストなら？

映画『エクソシスト』の老神父は悪魔との壮絶な戦いに敗れて命を落とした。17世紀フランスで実際に起こった「ルーダンの悪魔」事件はどうだったか。

ルーダンの悪魔憑き

ルイ13世時代のフランス。まだパリ以外は恐ろしく田舎だった頃の中西部ルーダンで、集団悪魔憑き事件は起こった。

この町には1627年に聖ウルスラ会の女子修道院が建てられ、17人の修道女で運営されていた。会はもともと少女の教育と育成に力を入れていたので（聖ウルスラは女学生の守護聖人）、修道女の多くは貴族や名士の娘たちだった。25歳で修道院長になったジャンヌ・デ・ザンジュ（Jeanne des Anges ＝ 天使のジャンヌ）も、俗名はジャンヌ・ド・ベルシエ。

血筋はシャルル7世に繋がるほどの家柄である。ただし彼女は病性変形により背中が丸く突き出していたため親に疎まれ、結婚という選択肢はなかった。

同時期、ルーダンの教会にユルバン・グランディエという主任神父がいたが、こちらはかなりの問題児（と言ってもジャンヌより一回りも年上の男盛り）で、諷刺詩を書いたり独身主義に異を唱えたりと、神父にあるまじき奔放さで知られていた。それだけではない。知的でエネルギッシュ、何より強烈な性的魅力によって女たちの憧れの的であり、人妻だろうと結婚前の娘だろうと手当たり次第に誘惑し（なかには彼の子を宿した者もいたらしい）、男たちから憎まれていた。

1632年、修道院の霊的監督官が亡くなり、院長のジャンヌがグランディエに後任を依頼したが、拒絶される（彼のほうから立候補して、上層部に却下されたとの説もある）。それまで両者は一度も顔を合わせていないと言われるが、修道院といっても小さな屋敷にすぎないので、ジャンヌも他の修道女たちも窓から、あるいは庭に出ていて、グランディエの姿を見かけたことはあっただろう。何の楽しみもない狭い町なので、彼の女性がらみの噂は修道院といえども伝わってくる。皆、この悪徳の男に眉をひそめた。

グランディエが監督官にならないことが確定してまもなく、ジャンヌに悪魔が取り憑いた。

汚い言葉を喚き、痙攣し、嘔吐し、院内を走りまわった。ふだんは今までどおりなのに、何の前触れもなく突如として荒れ狂う。痩せて小柄で背に瘤をもつ院長のその異常な振る舞いに、他の修道女たちはおろおろし、恐怖に身をすくめた。実家へ連れ戻された者も出た。だがそのうち——まるで将棋倒しの駒のように——1人また1人と院長に感染してゆき、ついには全員が悪魔憑きとなってしまう。

修羅場と化した修道院

十数人もの修道女がいっせいに体をよじり、人間離れした声で吠えだすと壮観だ。修道院は絶えざる修羅場と化し、外に隠しおおせるものではなくなる。ゆゆしき事態だというので、国中から学者や役人や神父、エクソシスト、おまけに物見高い野次馬連中までが押し寄せてきた。

それら見物人を前にしての公開悪魔祓いが始まる。はじめは物静かにしていた修道女たちが、エクソシストによって呼びだされた悪霊の顔に変じるやいなや、処女とは思えぬ卑猥な言葉を吐きだし、床をのたうち回る。フードは外れ、剃った頭が剝き出しになってもかまわ

110

悪魔に憑かれたルーダンの修道女たち

人間離れした修道女たちの跳躍。男たちはひるんだように見守るしかない。

ず、気味悪いしゃがれ声で笑い、旅芸人のようにアクロバティックな動きで人々の度肝を抜く。

そして彼女らは口々に言うのだった。夜中にグランディエが壁を抜けて寝室へ入ってきた、グランディエにそそのかされて淫らな行為に及んでしまった、グランディエが悪霊を我が身に吹き込んだ、グランディエが、グランディエが、グランディエが……。

グランディエは逮捕される。そこから2年にわたる厳しい審問、いや、拷問が続いた。両目を潰されても、グランディエは悪魔と関わったことを認めなかった。女性関係や神父として褒められない行為をしたことは認めても、悪魔については頑として否認した。これには（表立っては言えぬまでも）彼を褒めている同時代人もいる。グランディエは無実であり、修道女たちの性的欲求不満による集団ヒステリー（こうした現代用語は使わぬまでも）を利用して、彼を追い落とそうとする勢力の存在を薄々感じていたのだろう。

やがてグランディエが悪魔と交わした契約書（誰かが捏造したに違いない）が発見された。これもグランディエは否定したが、裁判の行方はとうに決まっていた。生まれる時代を間違えたルーダンのカサノバは、有罪を言い渡されて生きたまま火刑に処せられる。1634年のことだった。

112

このおぞましい事件は資料も豊富なので、夥しい数の研究書が出ている。歴史小説では、オルダス・ハクスリー『ルーダンの悪魔』、ヤロスワフ・イヴァシュキェヴィッチ『尼僧ヨアンナ』が有名。どちらも映画化された。

第十四話 ── 貴種流離譚

幽閉された「仮面の男」

民俗学者の折口信夫が命名した「貴種流離譚」とは、「高貴な血脈に生まれながら自国を遠く離れてさすらい、数々の試練を経て神や尊い存在になる」という説話の一型を指す。

これは民の側から見れば、自分のすぐ近くに身をやつした貴人がいるかもしれない、との期待にもつながる。正体不明の謎の人物を「流離した貴人」と見なす、いくつかの例を見てゆこう。

まずは太陽王ルイ14世下のフランス。

その男がバスティーユ監獄で息を引き取ったのは、1703年。死後ただちに所持品や関

114

連品（家具、寝具などのほか、男が被らされていた仮面も含まれていた）が焼却され、彼の生きた証はほぼ全て消されてしまった。にもかかわらず、男への関心は今に至るも消えていない。

なぜルイ14世自らの指示で、34年もの長きにわたって幽閉され続けたのか。なぜ監獄長から丁重に扱われ、衣食の贅沢を許され、楽器まで与えられ、定期的に医者の診察も受けていた代わり、人前では仮面ないし絹のヴェールを強制され、外したら「即、死刑」と厳命が下っていたのか。彼は誰だったのか、何をしたのか、なぜかくも厳重に世間の目から隠されたのか？

この史実の謎をさらに魅力的に発展させたのが、19世紀フランスの大エンターテインメント作家アレクサンドル・デュマだ。彼は『ダルタニャン物語』の第3部に件の男を登場させ、顔を隠すツールもおどろおどろしい「鉄仮面」に変え、正体をルイ14世の双子の弟とした。そしてその秘密を知った三銃士の1人が、現王ルイと鉄仮面を入れ替えようとして政治陰謀劇が繰り広げられる。

確かに太陽王と同じ顔なら表には出せず、死んだも同然の生涯を強いる一方、特別扱いしないわけにはゆかないだろう。

太陽王の影の部分

ルイ14世は生前から「神の子」と呼ばれていた。誕生がいささか特殊だったからだ。

父王にあたるルイ13世は女嫌いで知られ、スペイン・ハプスブルク家から嫁いできたアンヌ・ドートリッシュへの関心は薄かった。それでも夫婦は王朝をつなぐべく義務を果たし、王妃は数回妊娠した。あいにくどれも流産に終わり、その後、王は全く妃を顧みなくなる。

ところが驚いたことに結婚23年も経ち、36歳のアンヌは男児を産む。まさに奇蹟と思われた。それがルイ14世だ。宮廷雀は囁きかわした、父王の子ではなく、宰相マザランの子ではないか、妊娠がわかってから、あわてて王とベッドを共にしただけではないか、と。王妃と宰相の関係は以前から公然の秘密だったのだ。

こうした誕生エピソードをもつ太陽王だけに、影の部分は濃いはずだと後世の人々も想像をめぐらせた。デュマのような作家ならなおさらで——王妃は双子を産むが、それは公には伏せられた。なぜなら当時はまだ双子を忌む風潮もあったし、それ以上に心配されたのは、兄弟ともども順調に育った暁には（ローマ建国神話の双子ロムルスとレムスの血みどろの

116

闘いのような）王位継承権争いが生じる危険がある。こうして密かに里子に出された弟は、長ずるに従って太陽王とそっくりになってゆく。やがて自分に弟がいると知った王は投獄を決める。

デュマ作品はレオナルド・ディカプリオ主演（一人二役）で映画化された『仮面の男』。そこではさらに一ひねり加えられ、原作で失敗に終わった王交換が成功し、悪しき兄に鉄仮面が被せられて善き弟が玉座に座り、フランス絶対王政確立と繁栄につながったとされる。

さて、この物語の信憑性は別として、すでに18世紀の哲学者ヴォルテールが、仮面の男

映画『仮面の男』（1998年）で、
レオナルド・ディカプリオが演じた
鉄仮面

はマザランと王妃の間に生まれた男児（つまり太陽王の異父兄）だと推理していたし、デュマが小説化する40年ほど前には、口伝えでこんな話も流布していた。曰く、仮面の男はルイ14世で、彼は監獄で子を生し、その子はナポレオンの祖先となった！

他にもさまざまな伝承があるが、近年話題になったのはイギリスの作家ハリー・トンプソンが『鉄・仮・面――歴史に封印された男』に書いた、銃士隊隊長カヴォワ、イコール、ルイ14世の父説。カヴォワには妻がいたので、そちらとの間にも子がいた。そのうち三男が特にルイとそっくりで、おまけに秘密を嗅ぎつけて王をゆすった結果、投獄されたというもの。

いずれにせよ、仮面の男が太陽王がらみになるのは当然だろう。謎のキーポイントが「誰もが知る顔」だからだ。双子の片割れであれ、異父兄であれ、腹違いの兄であれ、はたまた太陽王その人であれ、幽閉された「貴人」は数奇な運命に「流され」たわけだ。ただ30年を超える歳月のうちには顔（顔つき）は変貌し、別人のようになった気がしないでもないけれど……。

ロシアの貴種流離譚

「死んだと思われていたが実は生きていた貴人騒動」を延々と繰り返すのはロシアだ。広大な領土、多民族、情報伝達の不備、さらに王政であれ共産主義であれ全く変わらぬ政府の秘密主義と、そうした政府に対する人々の根深い猜疑心などが絡み合っての、貴種流離譚だろう。

広く知られている例では、17世紀リューリク朝の偽ドミトリー事件だ。この皇太子は修道院に幽閉されていたが事故死した（政敵ボリス・ゴドゥノフによる暗殺だったのは間違いない。ムソルグスキーのオペラ『ボリス・ゴドゥノフ』になっている）。この後、実は生きていたドミトリーが登場し、不満分子を率いて蜂起するが、戦死。なんとその数年後、我こそ本当に本当のドミトリーだ、と名乗る者がまた現れ、反乱を起こしている。

18世紀のエカテリーナ大帝時代には、皇女タラカーノヴァがパリに現れ、騒がせた（拙著『名画で読み解く ロマノフ家 12の物語』参照）。2代前のエリザヴェータ女帝とその恋人だった伯爵との間のご落胤、との触れ込みである。まもなくペテルブルクへ拉致され、投獄。その半地下の牢内で、ネヴァ川の氾濫により溺死（病死と発表されている）。

20世紀には、最後の皇帝ニコライ2世の娘アナスターシャの出現に世界中が沸き、映画も数本製作された。実際には皇帝一家は全員ボルシェビキによって銃殺され、各遺体はDNA

鑑定で確認されているので明らかに僭称者なのだが、アナスターシャという名に「再生」という意味が含まれているからだろうか、今なお彼女は家族のうち唯一人生きのびた皇女だったとのロマンが、完全にかき消されず残っている。

謎の老人、フョードル・クジミーチ

上記の4人はもちろんのこと、他の例においてもほとんど皆、「実は生きていた貴人」を公言している。そのため、自ら名乗らず語らず、死ぬまで否定も肯定もしなかった謎の老人、フョードル・クジミーチが、何やら本物のように思えてくるのかもしれない。

――周知のようにナポレオンはロシアに侵攻し、歴史的惨敗を喫して表舞台から去った。

当時のロシア皇帝は、まだ30代のアレクサンドル1世。ナポレオンを制したことで、人気を沸騰させる。もともと金髪碧眼ですらりとした長身、美貌、流暢なフランス語を話し、高い教養と優雅な立ち居振る舞いで、歴代ツァーリ（ロシア皇帝）の強面イメージを覆す存在だった（ウィーン会議の際、町娘と恋したエピソードがまことしやかに語られたほどだ）。

だが彼の抱える闇は深かった。父帝暗殺に関与ないし黙認したと信じられていたのだ。23

歳からかぶり続けた王冠も、時が経つにつれ重くなってゆき、治世後半には鬱症状も出ていたらしい。子は無く、僧になりたいと口にすることもあった。

1825年晩秋、アレクサンドル1世は妃を伴い、首都から約2000キロも離れたタガンログ離宮へ出かけ、そこで急逝した。チフスとも熱病とも言われる。この電撃的ニュースは国民の間に大きな疑惑を生んだ。まだ47歳。健康そのもののはずだった。おまけに棺の蓋が開けられることはついになかった。ペテルブルクへ移動するまで時間がかかりすぎて腐敗したからというが、棺は空だと疑う人々の口は封じられない。やがてこんな噂がたつ。アレクサンドル1世は皇帝位にあることに疲れ果て、どこか遠いところで修道僧となっているに違いない……。

11年後、ペルミ地方で60歳くらいの、挙動不審の男が発見された。フョードル・クジミーチと名は言えたが、どこから来たのか、何をしていたかは覚えていなかった。上背のある、高貴な様子をしているが、旅券を持たず、背中には鞭打たれた跡があった。役人はこの奇妙な老人をシベリアへ追放した。

シベリアに定住したクジミーチは、やがてその信仰心の深さ、何より、驚くばかり豊富な知識と賢明さによって周りの尊敬を集めた。遠方から相談事を持って訪れてくる人がどんど

ん増え、フランス語を話せることも証明され、彼こそアレクサンドル1世の、世を忍ぶ仮の姿ではないかと囁かれるようになった。年齢的にぴったりだし、姿かたちも皇帝を彷彿とさせた。

クジミーチの噂は広がり、皇帝と面識があったという兵士が連れて来られて、間違いない、と請け合った。だが老人は、覚えていない、そっとしておいてほしいと言うばかりだった。

彼は長生きし、シベリアで30年以上を送った。もしアレクサンドル1世だとしたなら、享年91歳だ。

聖人と崇められたクジミーチはその地に手厚く葬られ、墓は巡礼地となる。彼の噂はペテルブルク宮廷まで届いていたのは間違いない。1891年、この墓にニコライ皇太子が立ち寄ったという。後のニコライ2世、ラスト・エンペラーである。

「ヨーロッパの孤児」、カスパー・ハウザー

正体不明の人物、3例目は、1828年の南ドイツ、バイエルン王国の町ニュルンベルクに忽然と現れた「ヨーロッパの孤児」、カスパー・ハウザー。

122

15、16歳と思しきこの少年は、ニュルンベルクの広場で呆然と佇んでいるのを発見された。粗末な服を着て、肌が妙に蒼白く、ろくに言葉も話せず、両膝の裏が（通常なら凹んでいるのに）これまでほとんど歩いたことがないかのように真っ直ぐだった。

手紙（養育者が記した体のもの）を2通持っていて、そこには「この子の名はカスパーで、1812年生まれ。洗礼は受けており、父親は騎兵、17歳になったらニュルンベルク連隊へ入れるよう頼まれ、今まで育てていた」などと書かれていた。

そこで連隊長のもとへ連れてゆかれたが、何を訊かれても「わからない」としか答えず、会話が成り立たない。ところが紙とペンを与えると「カスパー・ハウザー」とサインした。

この不思議な少年を研究しようと、ヨーロッパ各地から学者や医者や宗教家が集まってきた。それで明らかになったのは、カスパーが闇の中でも物が見え、色も識別でき、時計のような機械音を怖がり、隣室での微かな小声を聴きとり、鏡に映った像を実物と間違え、窓から見える風景を三次元と捉えることができず、音や匂いに異常なほど敏感で、触れただけで金属の種類を当てる特殊能力を持つことだった。

どうやらカスパーは相当に長い間暗い地下牢に閉じ込められ、他者と接触せずに育った人間らしい（ここからカスパー・ハウザーの名は、長い「引きこもり」の代名詞として使われ

123　第十四話　貴種流離譚

ることにもなる）。だが依然としてその正体は謎だった。どこから来たのか、何者なのか、なぜ幽閉されていたのか、彼を知る人間が名乗り出ないのはどうしてか……。懸賞金までかけられたのに、謎は解けない。

カスパーはひとまず孤児として町役場の保護下に置かれたが、やがて複数の支援者が現れ、その一人に引き取られて教育をほどこされると、みるみる知能の高さを発揮して、その年齢なりの話し方もできるようになる。それまでの境遇については、狭く暗い場所に一人で置かれ、食事の世話はされていたと語った。次第に初めのころの野生児めいた顔つきが変化してゆき、どことなく高貴な様子を示しはじめ、貴族や富裕層の集いに招待される人気者となってゆく。

カスパー・ハウザーの最期

そんな中、最初の襲撃事件が起こった。ニュルンベルクに現れて１年半ほど経ったころだ。カスパーは道を歩いていて、覆面（ふくめん）をした何者かに棒のようなもので殴られ、負傷する。幸いこの時は命に別条はなかった。

124

カスパー・ハウザーの肖像（1828年頃）

こうしたこともあってか、誰言うともなく、カスパーは地位を簒奪された王子（即ち流離中の貴種）ではないかと囁かれはじめる。そうだ、きっとそうに違いない。どことなく隣国のバーデン大公国（当時のドイツはまだ統一前なので小国が林立していた）の大公一族によく似てはいまいか……。

この説を全面的に支持したのが、ドイツの法律家でアンスバッハ控訴裁判所第一所長、後年「近代刑法の父」と呼ばれる著名なアンゼルム・フォン・フォイエルバッハ博士（1775〜1833）だった（ちなみにドイツ新古典主義の画家アンゼルム・フォイエルバッハは彼の孫）。

フォイエルバッハ博士はカスパーと何度も面談し、『カスパー・ハウザーの謎　地下牢の17年』という書物まで著した。それは長期の監禁による心身の障害とそこからの順調な回復の記録であると同時に、カスパーの出自への推論及び加害者への告発まで含んでいた。フォイエルバッハ博士の信じるところによれば、この貴種の少年を残酷な目にあわせたのは、他ならぬ現バーデン大公家だというのだ。

書籍刊行から1年も経たぬ翌1833年5月、フォイエルバッハ博士は旅先のフランクフルトで急死した。脳卒中ということになっているが、そうではなかったかもしれない。それ

とも単なる偶然だろうか。同年12月、カスパーもまた突然この世を去る。今回の襲撃はナイフ。右胸を刺され、3日後に息絶えた。まだ21歳。

事件は解明されぬまま終わる。

カスパー・ハウザーを詐欺師と見なす人々ももちろんいた。彼らに言わせれば、2度の襲撃は、2度ともカスパーに対する世間の関心が薄れかけた時期に起こっており、自作自演だという。ナイフにしても暗殺をよそおった狂言だが力の入れ方を間違え、致命傷になっただけだと。

今となっては何とも言えない。詐欺師はいつの時代にも、どんな理由からも出没（しゅつぼつ）するのでその可能性がないとは断言できないだろう。しかしその意味でいうと、バーデン大公家のお家騒動にも同じほど怪しさがひそみ、カスパー、幻の王子説も、あながち荒唐無稽（こうとうむけい）とは言い切れない。

出生の秘密

カスパー・ハウザーはフランスの「鉄仮面」と同じような理由から、ドイツのバーデン大

公家の指示で15年以上幽閉されていたのだろうか？

バーデン大公国はドイツ南西部、現バーデン＝ヴュルテンベルク州に12世紀から20世紀初頭まで存続した領邦だ。君主は代々ツェーリンゲン家で、長く辺境伯だったが、1806年から大公に格上げされた。

初代大公はカール・フリードリヒ。2代目は孫のカールで、戴冠して7年後の1818年に32歳の若さで逝去している。このカール大公の実子がカスパー・ハウザーではないか、というのがフォイエルバッハ博士とその支持者たちの推理だ。曰く——

カール大公妃は1812年に長男を産むが、この子は命名式も済まさず夭折したとされる。しかし実際には「誰か」の命を受けた乳母の手によって死んだ赤子とすり替えられ、本人は密かによそへ預けられて、ある時点からカスパーとして幽閉された（カスパーの持っていた手紙に1812年生まれと書いてあったのが思い出されよう）。なぜそんなことをしたかといえば、お定まりの権力争いだ。

正統な世継ぎの王子が消え、カスパーとして現れるまでに16年の歳月が流れている。その間に起こったことは——

128

カール大公妃は4年後にもう1人男児を産むが、その子は1年後に死ぬ。そして翌年にはカール大公自身も亡くなったため、王冠は初代カール・フリードリヒの息子、つまりカール大公の叔父がルートヴィヒ1世として継いだ。このルートヴィヒ1世は女嫌いで未婚、年齢ももう55歳。世継ぎができる可能性は限りなくゼロだから、次の大公候補として残っているのはたった1人だった。

バーデン大公妃ルイーゼの企み

非常にややこしいのだが（だからこそお家争いになるわけで）、初代カール・フリードリヒは最初の妃（2代目カール大公の父やルートヴィヒ1世を産んだ）が亡くなった後、60歳にもなって40以上も歳下の侍女ルイーゼに夢中になり、陸軍中佐の娘にすぎない平民だというのにホッホベルク女伯爵の称号まで与えて貴賤結婚していたのだった。

ルイーゼは1790年にレオポルトという男児を産んでいたが、その時点では大公家に世継ぎ候補はおおぜいいたし、彼らが男児を生せばさらに増えていたはずだ。ところがルートヴィヒ1世が戴冠した1818年、レオポルトより上位の継承者候補は全員すでに死んでい

た（徳川吉宗の奇蹟に似ている）。

先述した「誰か」、カール大公妃が産んだ男児を乳母にすり替えさせた「誰か」は、その
ことでもっとも益を得る者だ。ここでは玉座を狙う者だが、しかし本人とは限らない。本人
の母であっても何ら不思議はない。

大公妃の座を狙って老大公に取り入った若い侍女ルイーゼは、再婚した後も宮廷では娼
婦なみに見下されていたであろう。老大公が死ねば雀の涙の手切れ金で、息子もろとも石も
て追われる末路は目に見えていた。ならばほかの世継ぎ候補を次々に排除すれば……。

ルートヴィヒ1世の治世は10年ほどだった。晩年には宮廷全体が世継ぎへの危機感を強く
感じていた。どんなに下賤な女の産んだ子であっても、レオポルトには初代大公の血が流れ
ている（別の男の血だと言う者もいたが）。彼を大公にしなければ、バーデン大公位はほか
の王国や公国などの次男や三男が天下ってきて、いずれその国に吸収されてしまうだろう。
やむなく老ルートヴィヒ1世の次はレオポルト、と認める方向へ流れは変わってゆく。

こうしてレオポルトの王位継承が盤石となった1828年、「誰か」はカスパーこと、正
嫡の王子を暗い湿った地下牢から出し、他国の町に、いい加減な手紙とともに解き放った
という筋書きだ。

最初の妃

カール・フリードリヒ
初代大公

侍女ルイーゼ

妃　長男
（公太子時代に死去）

ルートヴィヒ1世
3代目大公

カール大公妃

カール大公
2代目大公

カスパー・ハウザー？
（本来は3代目）

男児

レオポルト
4代目大公

バーデン大公家系図

全くありえない話ではないという気もする。なにしろルイーゼの肖像画にしてからが、いかにもそうしたことを企みそうな顔つきなのだ。

毒薬はボルジア家の専売特許というわけでもない。当時の近隣諸国からも、バーデン大公家なら正嫡の男児を幽閉しかねないと見なされていた。

カスパーの人気はバーデン大公家のスキャンダルと絡みあっていたが、ニュルンベルクでちやほやされた時期はそう長くはなかった。人は飽きやすい。最初は盛んにパーティへ招待されたが、物珍しさは薄れてゆく。バーデン大公の正嫡という証拠もおいそれとは出てこないし、カスパーも次第に世間慣れし、そうなればごく普通の少年というだけで面白く

も何ともない。

彼はアンスバッハの新しい身元引受人のもとへやられ、寂しく暮らした。そしてナイフで襲撃されたのだ。最後の言葉は「自分で刺したんじゃない」。なんだか哀しい。

一方、レオポルト大公は1830年から22年間その地位にあった。意外や、善政を敷き、その点でも吉宗と似ている。

第十五話 ── デンマークの白婦人

白婦人と呼ばれる亡霊

カスパー・ハウザーの回で書いたように、競争相手が次々消えて（消して？）バーデン大公の地位を得たレオポルトは、22年にわたる善政を敷いた。自由主義的政策をとって経済を活性化させたのだ。しかしそんな彼も祖先の呪いには勝てなかった。

レオポルトが痛風で臥せっている間、白婦人と呼ばれる伝説の亡霊が宮廷で何度も目撃され、人々はひそひそ囁きかわした、大公の死が間近なのでは？

痛風は死病ではない、と宮廷医は取り合わなかったが、大公は結局その痛風によって亡くなる。白婦人は何世紀も前からツェーリンゲン家に取り憑いており、彼女が現れると死人が

出ると言い伝えられてきたのだ。今回もそのとおりになった。

バーデン大公国はかつて辺境伯領だった。辺境というのは文字どおり国境領域のことで、バーデン国の君主たる伯爵は異民族と直接対峙する騎士であり、一般の伯爵より上位とされた。

15世紀の辺境伯時代、バーデン国の王子が見聞を広める旅へ出た。出立前、両親からは、こう厳しく言いわたされる、王子としてふさわしくない女性と結婚するのだけは許しませんよ。

王子はデンマークへ入国し、たちまち恋に落ちる（ドイツ人にとってデンマーク女性はエキゾティックであったらしい）。ただし相手のオラミュンデ伯爵夫人は、2人の子を持つ寡婦だった。夫人も彼を熱烈に愛してくれたが、王子は両親が許してくれるとはとうてい思えなかったので、「2組の目が我々の邪魔をしています。この2組の目の炎が消えた時、また、お迎えにまいります」、そう告げて、ひとまず故国へ帰った。

すると思いがけず老親はこの結婚を許してくれた。王子は大喜びで再びデンマークを目指した。着いてみると、邸は不気味に静まりかえっている。王子は夫人の名を呼んだ。すると彼女は身にまとう白衣よりさらに蒼白な顔で現れた。なんと2人の幼い子を自らの手で殺め

134

てしまったという。「2組の目の炎」という王子の言葉を、「自分と血のつながらないあなた
の子らを始末せよ」という意味だと誤解し、実行に移したのだ。

王子は背筋が寒くなり、すがりつくオラミュンデ伯爵夫人を払いのけて、馬に跨った。夫
人は、逃げても無駄です、私たちはもう血の絆を結んだのだから、と叫んでいたが、後ろも
振り返らずバーデンへと疾駆した。

王子を出迎えた両親は憔悴しきったその様子に驚き、デンマーク女性との顛末を聞くと、
一族の血脈が呪われたことに大きなショックを受けた。王子はベッドへ倒れ込み、そのまま
起き上がれなくなって、まもなく息を引き取った。直前に、白婦人が現れた、という言葉を
残して。

続いて父伯も病に倒れたが、死ぬ少し前、やはり白婦人の姿を見たという。

女というものの不気味さ

まるでギリシャ悲劇のようだ。異国の情熱的な女性が、腹を痛めた2人の子を殺す。王女

愛するイアソンに裏切られたメディアは、彼を完膚なきまでに打ちのめすには彼との間にできた子を殺すことだと、激烈な怒りと冷静な計算のもと、子殺しに至った。

一方、オラミュンデ伯爵夫人の場合は、愛する男といっしょになるため、別の男との間にできた子を殺した。そこにあるのは、自分の幸せだけを見つめる単眼の残酷さである。

男にとってはどちらの女性が、より怖いのだろう？

王女メディアの場合、男への復讐心に燃えての行為であり、オラミュンデ伯爵夫人の場合は、己れの幸せを優先した行為だ。前者のような理由から自分の子を殺す現代女性はほとんどいないのではないか。それはやはり神話世界、ある意味、男性が構築しがちな「女というものの不気味さ」と言えるだろう。

だが後者は？

これはもう昨今の新聞・雑誌にその例があふれかえっている。新しくできた恋人（ないし夫）に捨てられるのを恐れ、前の相手との子を放置し、虐待に加担し、性欲のはけ口として差し出し、時に死に追いやる若い母親たち。彼女らは現代版オラミュンデ伯爵夫人だ。

伯爵夫人は王子の言葉を曲解し、愛しあう自分たちの幸せを我が子が阻（はば）んでいると思い込む。身勝手な被害者意識である。だから王子が恐怖で逃げ去った時、今度は王子を恨み、そ

れればかりか一族にまで呪いをかけ、魂魄この世にとどまって、地獄の住人としてさまよい続けるのだ。

4世紀も隔たった、バーデン大公レオポルトの時代まで。

第十六話 ── 大海難事故

タイタニック号

　もうすぐ20世紀の幕が開くという時期のイギリスで、「巨人」という名の、文字どおり巨大な豪華客船が建造された。全長約800フィート、マスト3本、スクリュー3基、最大乗客乗員数およそ3000人というスケールは、当時の世界最大級。その威容を見るだけで、決して沈むことのない船、との謳い文句が無条件で信じられるのだった。

　イギリス─アメリカ間の航路を4月に出発したこの美しい客船には、当時の階級社会をそのまま反映して、特等室の著名人や富裕層、一般室の中間層、船体下層に押し込められた低所得者層が乗り合わせていた。

138

出航から数日後、運命の夜が訪れる。北大西洋の厚い海霧の中を25ノットの速度で進むうち、右舷が氷山に接触、横転。救命ボートの数が足りず、おおぜいの死者を出す大海難事故となってしまう……。

ここまで読んだ人は、ああ、タイタニック号だな、と思うのではなかろうか。

違うのだ。

これは、1912年に実際に起こったタイタニック号沈没事故の14年も前に出版された中編小説『愚行（Futility）』（改訂版のタイトルは『タイタンの遭難、または愚行』）の描写である。作者はアメリカ人の元船乗り、モーガン・ロバートソン。知名度の低い作家で、この本も初版はほとんど売れなかった。ところが書店から本が消えたころタイタニック号の悲劇が起こり、小説との類似点があまりに多いことから、一種の「予言小説」と見なされて大きな話題となり、改訂版が出て売り上げも伸びた。

小説のメインストーリーは船の転覆にはなく、いわばアドベンチャーものに属している。船の沈没後、主人公の船員は氷山の上で白熊と格闘の末サバイバルする、といった荒唐無稽な物語だ。タイタニック号事故が起こらなければ完全に忘れ去られていただろう。だが悲劇が報道されると、ロバートソンの小説を思い出した人々がいた。

なにしろ背景となる船舶や事故についての詳細が、薄気味悪いほど酷似していた。タイタン（Titan）とタイタニック（Titanic）は名詞と形容詞というだけで同じ船名といえるし、単なる偶然とはすませられない、この世の不思議を感じさせた。

イギリス製、大きさや構造、乗客数、事故のあった月、航路や氷山までほぼ同じなのは、もちろん違いもある。タイタニック号は処女航海だったが、タイタン号は復路、また沈没は前者が翌朝、後者は氷山とぶつかってすぐ、船の排水量も両者はかなり違う。またロバートソンは船の重量などを初版から少し変え、タイタニックに近づけたこともわかっている。

だがたとえそうした差異があっても、メインの部分での一致は確率的にも驚愕に値しよう。だからこそ評判になったのだし、ロバートソンに次の作品依頼がきたのも頷ける。中にはタイタニックと同じような予言ものを期待した出版社もあっただろう。彼は短期間のうちに続けて数冊の新刊を出したが、どれも売れなかった。

一躍、時の人となってからわずか３年後、この「予言者」は薬物の過剰摂取で亡くなる。自殺とみられている。

ハリウッド映画『タイタニック』の影響力

タイタニック関連の映画は何作も作られてきたが、世界中の若者にまでこの海難事故を知らしめたのは、1997年制作のハリウッド映画『タイタニック』だ（監督ジェームズ・キャメロン）。

筆者はこの映画の影響力の凄さをニューヨークで身をもって体験した。

映画公開からすでに数年経た冬のこと（まだツインタワーも存在していた）。自由の女神像のあるリバティ島へ向かう観光船に乗った。悪天の日で、小雪交じりの雨が降り、波は高く、皆、船内に閉じこもって窓から憂鬱な空を見上げていた。そのうち雨は小降りになってくる。

その時だ。

若者のグループがデッキへ走り出たと思うと、そのうちの一人が両腕を翼のように大きく拡げ、前方の海原へ向かって「I'm the king of the world!」と叫んだのだ。『タイタニック』の中で、主演のレオナルド・ディカプリオが新大陸への夢と希望を爆発させた印象的なシーン。

その仕草と台詞である。

効果は目覚ましかった。船室にいた乗客全員が笑い出し、我も我もとデッキへ出ておしゃべりが始まった。奇跡のように雨も止み、自由の女神の巨大な姿がぐんぐん近づいてくる。一つの映画が見知らぬ者同士を繋いだことに少し感動した。これも奇譚？

第十七話 ── コティングリー事件

ホームズの生みの親

世界一有名な私立探偵がシャーロック・ホームズだということに、誰も異論はないだろう。

架空（かくう）の人物にもかかわらず、ロンドンのベーカー街221bにはホームズの住まいだったとのプレートが設置され、観光客がわざわざ足を運ぶほどだ（かく言う筆者もその一人）。

ホームズを生んだアーサー・コナン・ドイル（1859～1930）のもとへは生前ファンレターが殺到し、宛名（あてな）がドイルではなくホームズだったことも再々だった由（よし）。作家と小説の主人公を完全に混同した者がいたわけで、そこまでゆかぬまでも、ドイルもホームズ並みの観察眼と推理力の持ち主だと思うのは自然かもしれない。

143

そのためドイルが妖精写真を本物と請け合った時、あれほど論理的思考のもとに数々の難事件を解決したドイル——実際には小説内のホームズ——なのだから、完璧な証拠がそろってのことだろうと、おおぜいの人に信じさせてしまった。

世にいう「コティングリー事件」である。

だがその前にまず、ドイル家について記しておこう。

アーサーの祖父ジョン・ドイルは1797年、アイルランドのダブリンで絹商人の息子として生まれた。長じて画才をあらわし、25歳で妻とロンドンへ移住。諷刺画家、政治漫画家として人気を博す。

上の息子たち3人も社会的に名を知られるようになった。長男ジェームズはイラストレーターとして、次男リチャードもイラストレーターや画家として、三男ヘンリーはアイルランド国立美術館館長として。

中でも1824年生まれのリチャード・ドイルの成功は目覚ましく、10代で『パンチ』誌の正規の挿絵画家になり、フリーになってからもディック・キットキャットの愛称で活躍した。とりわけ妖精画家として、独創的な表現で名を馳せた。

この3人がアーサーの伯父で、彼が大学の医学部に進学する際、援助してくれた恩人でもある。

では父チャールズは？

無名の父、チャールズ・ドイル

チャールズ・ドイルはあまり運の良い人間ではなかった。末子で、彼が生まれた1832年が実母の没年だった。母の愛を知らず育ち、3人の兄と同じように父ジョンの工房で学びながら早々に才能なしと見なされ、19歳でひとりスコットランドのエディンバラへ追いやられた。当地の労働局で測量技師補として働くためだ。

兄たちの成功が眩しかったことと、結婚して9人も子どもが生まれて（2人は早逝）生活が苦しかったため、副業で自分も妖精の挿絵を描いたが評判にはならなかった。40代前半には役所も辞めさせられる。その前後から少しずつアルコール依存と鬱状態が進み、妻とも離婚。1881年にはとうとう病院へ入れられた。

こうしてチャールズは死ぬまで病室で妖精たちを描き続ける。月夜に空を舞う妖精の絵に

別れた妻の面影を描き込んだとも言われる。作品の制作年が不明なのは、発表されずにいたからだ（アーサーはホームズで盛名を得た後、亡き父の展覧会を催して親孝行ぶりを示した）。

妖精画で大成した伯父、妖精の存在を信じながら無名のまま亡くなった父を、アーサーは身近で見てきた。彼らの描く何百もの妖精たちも見てきた。森や湖など自然物の精であり、人間とは全くサイズの違う小さな生きもの、妖精、フェアリーは、時代の要請だった。

19世紀前半までの科学万能主義と合理主義、進歩に次ぐ進歩で突っ走ってきた新時代の人々にも疲れと飽きが出てきており、その反動は、都会から自然への回帰、現実第一主義から精神性・内面性の探求、異世界への憧れという形をとった。そんな浪漫嗜好に適う芸術が象徴主義であり、妖精画だったのだ。

透きとおった翅をもつ愛らしい妖精を好んだのは、女・子どもだけではなかった。厳めしい鬚をたくわえ、山高帽にステッキのジェントルマンにも妖精画の愛好者は少なくなかった。彼らが妖精の実在をどの程度信じていたかはわからないが、幽霊を否定しない程度には（イギリスは現在に至るも幽霊好きの国）、妖精を否定していなかったことは確かだ。

146

そこで1917年、ヨークシャー州（イギリス北部）のコティングリーという小さな村で、16歳と9歳の少女からカメラで妖精を撮ったと言われた親がすっかり信じ込んで人に話し、それが巡り巡って2年後、アーサー・コナン・ドイルの友人エドワード・ガードナーの耳に達した時、彼は一笑に付すことなく、その写真を研究対象として真剣に取り上げたのだった。

妖精を写した写真

第一次世界大戦真っ只中の1917年、コティングリーで起こったことは――

この村に住む16歳のエルシー・ライトと9歳のフランシス・グリフィスは仲良い従姉妹どうしだった。いつも川辺で妖精と遊んでいると主張し、その証拠に写真を撮りたいと、エルシーの父親からカメラを借りた。そして「フランシスと4人の踊る妖精」「野原に座るエルシーと1人の妖精」、この2枚を写した。現像は父親が行ったが、彼は本気にせず、もうカメラは貸さないと言い渡す。ここで終われば騒ぎはない。

2年後、妖精を信じるエルシーの母が神智学協会に参加し、皆に写真を見せて驚かせた。それはすぐ同会主要会員のエドワード・ガードナーに伝わり、彼が写真を入手したことから、

1917年、コティングリーで撮影された「フランシスと4人の踊る妖精」

翌1920年、この事件のもう一人の主役ホームズ、もとい、アーサー・コナン・ドイルの知るところとなる。ドイルはガードナーに確認を頼み、コティングリーへ行ってもらった。

ガードナーは少女たち（と言ってもエルシーはすでに19歳になっていた）に2台のコダック製カメラを与え、妖精の撮影をまた試してほしいと頼んだ。彼女らは大人がいると妖精は出現しないからとガードナーの同行を拒んだが、写真は撮ってきた。3枚に妖精が写っていた。これで前のと合わせて5枚だ。

ドイルはコダック社に調査を依頼し、「写真に偽造の証拠は見られない」との回答を得た。同年クリスマス、彼は雑誌に「写真に撮られた妖精たち」の一文を寄稿。世間は騒然となる。この時60歳のドイルはナイトの称号をもつ貴紳であり、何よりホームズの生みの親として人気と信頼は絶大だった。

もちろん否定派はいた。妖精たちのファッションがいかにも今流行のものであり、動いているようにも見えず、またコダック社の回答をよくよく読めば、現像過程での合成ではないというだけで、「目の前にあるものは全て写っている」というにすぎず、真贋の判定にはなっていない、等々。

ドイルは意に介さず、1922年には『妖精物語　実在する妖精世界』を上梓し、コティ

ングリーの妖精にも触れて曰く、感知できなくとも存在するものはこの世に多い、妖精は実体のない霊的なものなので霊力をもつ人間、とりわけ純粋な子どもにしか見えない、贋物があるからといって、本物を否定する理由にはならない。

妖精写真の真実

こうした論は、森羅万象全てに神が宿ると考える日本人には通じやすい。亡くなった人は仏様だし、巨大な古木は御神木になり、コロポックルや座敷童、河童や狐狸妖怪もいる。誰もがどこかでそれを──完全に、とは言えないまでも──信じている。しかしだからといって、もし著名な文学者がいかにも胡散臭い河童の写真を、純真な子どもが撮影したのだから本物だと認め、一冊の本まで書き上げたとしたら周囲はどうするだろう？　賢明な者は口をつぐむのではないか。

ドイルに対してもそうなった。多くの人は公には反応せず、妖精画家や妖精物語の作者は沈黙した。相手は傷つきやすい年ごろの少女たちとホームズの作者なのだ。しかもドイルはアイルランド系でスコットランド育ちと、超自然的な事柄に特別親和性のあるケルトの血筋

150

だ。父親も伯父も妖精画家だった。その上この戦争でドイルは息子、弟、妹の夫など、親族をおおぜい亡くし、心霊術や神秘主義への傾倒をいっそう強めていた。攻撃しにくい。

コティングリー事件への関心は急速にしぼんでゆく。同時に、そして皮肉なことに、あれほど盛んだった妖精への嗜好_{しこう}まで薄れてしまう。妖精画の需要も激減し、専門画家も減る。

こうして事件はいったん忘れられ、長い月日が経った。

ドイル死去から半世紀以上も過ぎた1983年、『タイム』誌に元少女たちの一文が載り、次いでテレビ出演もあった。かつて少女であった老女2人は、次のように告白した。ほんとうに妖精と遊んだのに疑われたため、トリックを思いついた。雑誌で見つけた女性ファッションのイラストを厚紙に模写し、翅_{はね}を描き加えて妖精に変えた。それを切り抜き、ピンで木の枝や葉に留め_と、撮影した、と。

コダック社が言ったとおりである。二重映しでもなければ現像時の細工でもない。カメラは実際に目の前に「あるもの全て」を写しただけなのだ。乾板を使う旧式カメラなので技術的にはいくぶん難しかったらしいが、実はエルシーはカメラ店でアルバイトをした経験があった。美術学校へ通ってもいたので絵も巧_{たく}みだった。

なぜ早く真実を語らなかったかという無粋_{ぶすい}な質問に対しては、ドイル氏の名誉のためだっ

たと答えている。

そして言うのだ、5枚目の写真だけは本物だし、妖精を見たのもほんとうだ、と……。

第十八話 ── 十字路

未知との遭遇場所

　4本の道がぶつかる十字路（クロスロード、四つ辻、四叉路、交差点）、また三叉路は、洋の東西を問わず重要なシンボル性を秘めている。「未知との遭遇場所」だ。

正面から、左右から、野獣や敵や暴走する馬車、あるいはこの世ならぬものが、襲いかかってくるかもしれない。そこはまた選択を迫る人生の岐路であり、異界と交わる場、生と死の交錯する場、そして超自然的なものが顕現する場なので、常に恐怖と不安も孕んでいる（ある意味、橋のシンボル性にも共通する）。

三叉路で「運命」と出会ったのが、ギリシャ神話のオイディプスだ。この悲劇的な人物は

赤子の時、「父王を殺して母を妻にする」との神託により山中に捨てられた。だが拾う者があって、別の国の王に育てられる。成人し、自ら神託を受けに行くと、「父王を殺して母を妻にする」と告げられる。ショックを受け、放浪の旅に出た。育ての親を実の父母と信じていたからだ。

やがて足は知らぬ間に生誕地へ近づく。必死に運命から逃れようとして、運命の待つ場へ向かっていたのだった。狭い三叉路で数人の一行とかち合い、道を譲れ、譲らぬの口論となり、オイディプスは彼らの長を殺す。神託どおりになった瞬間だ。なぜならその男こそ、オイディプスのほんとうの父だったからだ（後にもう一つのおぞましい神託も現実となる）。

十字路には悪霊が棲む

古代ギリシャ時代、十字路は道を支配する冥界（めいかい）の女神ヘカテや、旅の守り神ヘルメスなどに捧げられ、神聖な石などが置かれて礼拝された。

キリスト教が普及する以前の古代ローマ時代には、不運から護（まも）ってくれるラール神を十字路の守護神として、祭壇が設（しつら）えられた。

ギュスターヴ・モロー『旅人オイディプス』（1888年頃）

モローは数多くオイディプスを描いた。ここでは翼の巨大さが目をひく。

やがて多神教はキリスト教に駆逐されるが、十字路から身を守らねばというという気持ちは受け継がれ、十字架やイエス磔刑像、マリア像や諸聖人像、小聖堂などが建てられた。もちろんそこには良い精霊や聖人たちが現れ、啓示が与えられる場というポジティブな側面もあったが、一般的にはやはりネガティブなイメージのままだった。十字路の聖像に手を合わせる善男善女は、聖なる光を求めてというよりも悪魔祓いを願い、守護を祈ったのだ。

死者の埋葬が増えると、その思いはいっそう強まった。キリスト教は自殺を禁じており、自殺者は教会墓地に葬ることができなかったため、十字路のかたわらに埋められることがあった。そのうち犯罪人も埋められるようになる。天国へ行けない彼らは悪霊となって出没するとされ（聖職者がそう脅した）、死体には時に杭が打たれた。するとそれは容易に吸血鬼伝説とも結びつけられて、十字路はいよいよ凄みを帯びてくる。

魔がいるのなら魔を呼び出すこともできよう。16世紀のドイツに実在したファウスト博士は、森の十字路で悪魔を呼び出して、現世での自分の欲望を満たしたという。その代償か、ファウストの死因は錬金術実験中の爆発。肉体は一片も残らなかった。キリスト教徒にとっては恐ろしいことだ。遺骸がなければ死後の復活もないのだから（ファウストに関しては第二十話参照）。

魔女裁判や異端審問の嵐が最高潮に達した時代には、十字路も魔女集会の行われる場所の一つに加えられた。

今もヨーロッパのあちこちに、集会場所としての十字路伝承が残っている。魔女も十字路へ埋められることがあったが、それは道が多いとどちらへ進むべきか決めかねて迷い、そこから動けなくなるとの理由だったらしい。死んだ魔女にこの世のあちこちをさまよわれるよりは、決まった場所に封じておくほうが楽なのは確かだ。

十字路に魔や悪霊が棲むとの迷信は、20世紀になっても完全には人々の心から拭い去られることはなかった。

悪魔と取り引きした歌手

1911年生まれの伝説的ブルース歌手ロバート・ジョンソンにまつわる、次のような逸話が残されている。このアフリカ系アメリカ人はミシシッピの農園で働いていた少年時代（まだ南部の黒人差別は激しかった）、ミュージシャンになる夢を抱いていたが、アコースティック・ギターの腕前にどうしても満足できなかった。そこで真夜中の十字路で悪魔と取り

引きし、魂を売り渡すのと引き換えに、まさに悪魔的テクニックを我がものとしたという。

この言い伝えは、彼の作詞した楽曲中に、「十字路」「悪魔」「地獄の番犬」といった言葉が

ひんぱんに出てくることでも強化された。

　ジョンソンはギター一本でアメリカ中を渡り歩き、歌と演奏で聴き手を魅了する一方、行

く先々で問題を引き起こし、27歳の若さで死んだ。女性関係のトラブルから毒を盛られて殺

された、いや梅毒で亡くなったなど、死因は謎に包まれている。

第十九話 ── 斬られた首

殉教者聖ドニ

モンマルトルの丘はセーヌ川右岸に位置し、パリで一番高く（とはいえ標高１３０メートルにすぎないが）、市内を一望できる。19世紀後半には世界中から芸術家の卵がここへ集まり、近代美術の中心地となった。今もモンマルトルといえばピカソ、モディリアーニ、ルノワール、ユトリロなど、多くの著名な画家の記憶と結びつき、観光客に独特のロマンを感じさせている。

だがモンマルトル（Mont des Martyrs）のそもそもの意味は「殉教者の丘」。芸術よりむしろ、血と結びついていた。

フランスがまだガリアと呼ばれ、古代ローマ帝国から「野蛮人の住む辺境の地」と見なされていた、紀元3世紀。

ドルイド教（輪廻を説き、祖先及び樹木崇拝）が主流だったこの地にキリスト教を広めるべく送り込まれた宣教師たちがいた。彼らはセーヌ川のシテ島を拠点として布教活動に励み、次第に信者を増やしてゆく。やがて問題視されて捕らわれ、司教ディオニュシウス及び司祭ルスティクスとエレウテリスの3人が、町はずれの小高い丘で斬首された（「殉教者の丘」、即ちモンマルトルの命名の由来）。

ディオニュシウスは後世、ヴァチカンから「聖人」に認定され、一般にはフランス語表記によるサン（＝聖）・ドニ（Dionysius ＝ Denis）と呼ばれるようになる。その死がいかなるものだったかは、こう語り継がれている。

――聖ドニは、他の2人の処刑後、最後に首を斬り落とされた。しかし平然と立ち上がり、地面にころがった自分の首を拾い上げると両手で持ったまま歩き出す。なんと10キロ先（現パリ郊外のサン・ドニ）まで歩き続けたばかりか、その間、首はずっと説教を唱えていた。

10キロといえば、普通の速度で2時間半ほど。そこで正真正銘、絶命した。

信者たちは聖ドニの倒れた地点に小さな礼拝堂を造った。13世紀になると、その礼拝堂が

あった場所にサン・ドニ大聖堂が建立され、それは歴代フランス王の霊廟ともなる。つまり聖ドニ伝承は、カトリック信仰とフランス王の強い絆を証明するものなのだ（フランス革命で反王党派が教会を弾圧した理由の一つがこれだ）。

描かれた殉教者たち

斬られた首が口をきく。

オルフェウス神話がすぐ思い浮かぶ。竪琴の名手オルフェウスはバッカスの巫女らに八つ裂きにされ、首は川へ流された。その首は川を下りながら歌をうたい続け、拾われて丁寧に埋葬された後もなお、土の下から歌声が聞こえていたという。

芸術の不滅の力を知らしめる美しい物語だ。間違いなく聖人伝説に影響を与え、キリスト教の永続性と重ねられたのであろう。

だが絵となると様相が異なる。『パリ高等法院のキリスト磔刑』（作者は15世紀のアンドレ・ディプル？）が良い例だ。三連祭壇画風の大画面で、中央にイエス磔刑図が描かれ、右翼に首を持つ聖ドニが立つ。「聖人死すとも教義は死せず」の譬え話だったはずが、画家

の肉体描写への執拗なこだわりによって、現実感の強いリアルな怖さが迫る。

ミトラ（司教の冠）をかぶった聖ドニの首は、疲れたような、諦めたような顔で目を閉じ、紫色の唇も閉じている。拾い上げられたばかりで、まだ説教は始まっていないようだ。足元には白骨がころがる。首を持つ両手は鮮血にまみれる。斬首された首根の断面は正確且つ克明で、骨もはっきり見えるし、いくつもの血管からは噴水もかくや、勢いよく血が噴き出す。

背後で処刑人や見物人が驚愕の表情を浮かべている。

「目の人」たる画家は、異様な、あるいは異常なものを描きたい衝動にかられるのだろう。通常なら見られない内臓や骨や血、死の前の痙攣や硬直や弛緩などを、画家の性として、どうしても描かずにおれない。好奇心ばかりでなく、破調の中に物事の本質が窺える気がするし、奇怪さや恐怖は美と同じほど魅力的な対象だからだ。

であればこそ、何世紀にもわたり、数えきれないほど多くの斬られた首が描かれ続けてきた。メドゥーサ、サロメ、ユーディット、ゴリアテ、そして斧からギロチンに至る斬首シーンの数々。聖ドニだけ取っても、どれほど多くの図像や彫像が制作されたことか。

また斬首されても歩いたといわれる殉教者は、聖ドニだけではない。中でも、わずか9歳で首を斬られた聖ユスタゥスの姿は、かのルーベンスによって描かれている。ぽろんと落ち

162

『パリ高等法院のキリスト磔刑』
（アンドレ・ディーブル？　1450年）

自らの首を拾い上げた聖ドニ
『パリ高等法院のキリスト磔刑』部分

ピーテル・パウル・ルーベンス『聖ユストゥスの奇跡』（1629-30年頃）

生者と死者の肌色の対比がリアルで衝撃的。

た首を両手で受け止めた、というような、少し前かがみの少年の姿は、目撃者の反応と相俟（あいま）って、かなりグロテスクだ。

斬首されても少しの間、人はまだ生きている……実際に斬首を見た画家たちは、そう感じていたのかもしれない。

「首無しアン」の幽霊

首無し幽霊と聞いて多くの人が思い起こすのは、アン・ブーリンだろう。16世紀前半のイングランドに君臨した非情な絶対君主ヘンリー8世の、2番目の妃だ（後のエリザベス1世の母）。男児を産まないことで王の不興を買い、近親相姦（きんしんそうかん）やら魔術の使用など、当時でさえ誰も信じないようなでっちあげの罪状により、ロンドン塔で斬首された（拙著『残酷な王と悲しみの王妃』参照）。

その無念が想像できるだけに、処刑から日をおかずしてアンの幽霊が目撃され始める。彼女の生まれ育ったヒーバー城では首を抱えての徒歩姿、ロンドン塔の場合は馬車に乗り、膝（ひざ）に首を置いて城門へ向かって来るという。

とりわけロンドン塔では代々の門衛による目撃談が数多く、何世紀も語り継がれて半ば周知の事実とされ、20世紀になってもなおこんな噂が残されている。

——持ち場を離れた門衛が軍法会議にかけられたが、「首無しアンが出てきたため、怖くなって逃げた」と弁明して無罪となった。

いかにも幽霊好きの（そして幽霊を信じる）イギリスらしい。

首のない騎士

一方アメリカには、スリーピー・ホロウ（「まどろみの窪地」の意）に出現する首無し騎士がいる。ワシントン・アーヴィングによる小説化、また近年のハリウッド映画化によって世界的に知られるようになった。

もともとの伝説は、アメリカ独立戦争の際にイギリス軍が雇ったドイツのヘッセン大公国傭兵の幽霊である（ヘッセン大公は贅沢好みで常に金欠病だったため、自国の兵をイギリスに大金で貸し出したのだ。さらに戦死した場合には1人あたり30ギニーをもらう契約だった）。

そのヘッセン傭兵の1人が残虐な行為の廉で（具体的には不明）首を斬られたが、騎馬幽霊となり、スリーピー・ホロウの森に出没するようになった。当然ながら頭部の欠けた姿で、片手は馬の手綱を握り、もう片方の手で自分の首をぶら下げて走っているという。運悪く出会ってしまった者に逃れる術はない。幽霊は犠牲者めがけて自分の首をボールのように投げつけ、殺す。

何とも不思議な行為ではないか。さすがアメフト発祥地？

日本の首無し幽霊譚

意外や、日本にも首無し幽霊譚がちゃんとある。しかも1人ではなく大軍で。

天正11年（1583年）、旧暦4月24日。賤ヶ岳の戦いで羽柴秀吉に敗れた柴田勝家は、越前・北ノ庄城に火を放ち、正室お市の方（織田信長の妹）とともに自害。城はのちに、結城秀康（秀吉の養子で家康の次男）によって福井城に改築された。首無し幽霊の目撃者があらわれるのは、この頃からだ。

城下の足羽川に架かる九十九橋を、4月24日の丑三つ時（午前2時からの30分間）、数百

もの騎馬が賤ヶ岳方面へ粛々と渡ってゆく。武者全員に首がないのはまだしも、馬まで全て首がない！

近代化のおかげか。

ギロチン刑の歴史

近代化といえばギロチンだ。

斬首手段が剣や斧だった時代は仕損じも多く、いたずらに苦痛を長引かせるとして、機械仕掛けが採用されるようになる。すると首無し幽霊も激減した。

ギロチン（フランス語でギヨタン）は大革命直後の1792年に、フランスの正式な処刑

橋はこの世とあの世をつなぐ異界の場、丑三つ時は怪異の起こりやすい時刻だ。たまたまこの行軍を目にした者こそ不運で、まもなく血を吐いて死んだという。中には絵師もいて、矢も楯もたまらずこの凄まじい場面を絵画化したが、仕上げて絶命。その絵を手に入れた者まで死に、ついに絵を焼くことにしたところ、延焼して近隣に死者を出した由。

今や九十九橋は鉄筋コンクリート製となり、幽霊の団体行動も忘れられようとしている。

器具となった。その法整備をしたのがジョゼフ・ギヨタンだったため、彼の名が付けられた（本人は嫌がったらしい）。

フランスは実に長くギロチンを使い続けた。大ヒットした1960年代アメリカ映画『シャレード』（監督スタンリー・ドーネン、オードリー・ヘプバーン主演）には、こんなシーンがある。パリの警視がアメリカ人容疑者に、「フランスでは死刑はギロチンだ。こんなシーンがある。パリの警視がアメリカ人容疑者に、「フランスでは死刑はギロチンだ。刃が落ちる前に首がピリピリするらしいぞ」と脅す。なんとギロチン刑は81年まで法的に続いていたのだった（実際の執行は77年が最後）。

『シャレード』の警視の台詞には、制作者側アメリカの驚愕も込められていたのではないだろうか。アメリカにとってフランスは歴史・文化面での憧れの国、なのにこんな血なまぐさい処刑を、いまだに……と。

第二十話 ━ ファウスト伝説

戯曲『ファウスト』

ファウストという名は、ドイツの文豪ゲーテの戯曲『ファウスト』によって世界的に有名になった。

幾度か映画化もされ、オペラ（グノー作曲）も上演回数が多い（日本初のオペラ公演は、明治27年〔1894年〕のこの『ファウスト』とされる）。

ゲーテが造型したファウストは老いた学者で、知識ばかりを詰め込んで経験が伴わなかった己の人生を後悔し、悪魔メフィストフェレス（「光を愛さぬ者」の意とされる）と契約を結ぶ。それはメフィストの助けを借りて若返り、この世のありとあらゆる体験をさせてもらう代わり、「時よ、止まれ。おまえは美しい」と言った瞬間、魂を地獄に持ってゆかれると

170

ウジェーヌ・ドラクロワ『ファウストとメフィストフェレス』（1827-28年）

いうものだった。

ファウストは100年を生き、善悪問わずさまざまな体験を経た後、最後は己の個より公のため理想郷の建設に奮闘し、完成間近の至福のうちに先の禁句を口にして倒れる。だが神に赦され、魂は天へと昇っていった……。

かくしてゲーテのファウストは、ドイツ的精神の理想像と見なされるようになる。だがこの物語の根幹はゲーテのオリジナルではない。ファウスト博士は実在したからだ。

「天才」ゲオルク・ファウスト博士

ゲオルク・ファウストは1480年ころ、ドイツ南西部の小村に生まれた。天才児と呼ばれ、当時の小学校にあたるラテン語学校に通った後、さらに修道院でも学んでからハイデルベルク大学へ進学した。途中でポーランドのクラクフ大学にも在籍したが、それはヨーロッパの大学で唯一「魔術学」の講座があったからだという。その後ハイデルベルク大学へもどり、優秀な成績で神学博士号を授与される。

博士となったファウストはエアフルト大学でギリシャ語などを講じたが、やがて追放の憂き

き目にあう。学生からの評判が悪かったせいではなく、むしろ逆だ。評判が良すぎた。なぜなら彼はしきりに占星術や人相見による予言、病気の治療、錬金術の実験の他、死者の呼び出しなどをしてみせたからだ。

なかでも学生の求めに応じてギリシャ神話の英雄たちや怪物、またトロイア戦争の直接的原因となった絶世の美女ヘレネなどを眼前に出現させて驚かせたが、大学側はそうしたことをキリスト教への冒瀆と断じてファウストを処分したのだった。

大学を追われた後のファウストは、同じような魔術を披露して各地を転々とした。現代でも世界中で占い師が活躍しているが、当時はそれ以上に錬金術師や魔術師や占星術師の需要は大きく、ファウストもかなり豪勢な生活を送ったようだ。

宗教改革者マルティン・ルターも、ヴィッテンベルク大学における会食でのスピーチでファウストについて触れたという（ルターのスピーチをまとめた『食卓談義』による）。それによれば——

大貴族が学者らを招いたなかに、ルターもファウストもいた。この時ファウストは、狩猟中の馬がどうと倒れる迫力のシーンを出現させて皆を驚かせた。ルターはこれを、悪魔が見せた幻と表現したという。

これについては、幻灯機のようなものを使って映したと推定されている。初期の映画が19世紀人に与えた衝撃を思えば、ファウストの幻灯を見て仰天した16世紀人が悪魔と結びつけたのは無理もなかろう。

ファウストの死に方もその証とされた。1536年前後、50歳を過ぎたころ、錬金術の実験中——某男爵の依頼で鉛を金に変えようとしていた——爆発が起こり、肉体が四散して跡形もなくなったのだ。遺体がなくなったのは、死後の復活ができなくなったことを意味する。やはりファウストは悪魔と契約を交わしていたのだ、地獄へ連れ去られたのだと、人々は噂しあった。そして彼の著作や同時代人が彼について書いた記録の多くが焚書にされ、一人の天才の生きた記録がごく限られたものとなった。

民衆を魅了したファウスト伝説

実のところ、上記のファウストの経歴のいったいどこまでが事実で、どこからが伝説か、未だによくわかっていない。ゲオルクという名のファウストが実在したのは間違いないが、ヨハネス・ファウストもいたらしい。いや、ゲオルクとヨハネスはそもそも同一人物だと主張

する者もいる。

確かなのは、民衆がファウスト伝説に魅了され、次々にエピソードを増やしていったことだ（ファウストは宇宙旅行までしたことになった）。激しい肉体労働に明け暮れて一生を終える民衆にとって、貴族でも僧侶でもないのに難しい本を読み、不思議な術を使って人を幻惑し、豊かな暮らしを享受するファウストのような人間は、羨ましくもあり憎くもあり、最後は地獄に堕ちてほしいと願う相手でもある。

はたしてファウストは稀代の山師だったのか、それとも通常の幻灯機に画期的改良を加えることができたほどの天才だったのか……。

第二十一話　ディアトロフ事件

冷戦下のソ連で起きた未解決事件

20世紀前半の大規模な戦争のさなか、ロシアでは皇帝専制打倒を掲げた暴動が繰り返し起こった。後にこの時の戦争は「第一次世界大戦」、暴動のほうは「ロシア革命」と呼ばれるようになる。

この革命によってロシアは長く続いたロマノフ王朝を倒し（拙著『名画で読み解く ロマノフ家 12の物語』参照）、1917年、世界初の共産主義国家を樹立した。国名もロシア帝国からソヴィエト社会主義共和国連邦（ソ連）へと変わり、この体制は「ベルリンの壁崩壊」後の1991年まで続く。その間に資本主義国家と共産主義国家の冷戦があり、もとも

と秘密主義の色濃いソ連は、鉄のカーテンの向こうに隠れていっそう他国の眼から見えにくくなった。70年以上もカーテン越しだったのだ。

ロシア絵画があまり知られていない大きな理由はそこにあるし、ソ連時代に起こっていた数々の事件も、ロシア連邦に変わるまで噂でしか知り得ないものが多かった。

奇譚というにふさわしい「ディアトロフ事件」もその一つである。謎はまだ解明されていない。

1959年1月。

日本ではメートル法が施行され、南極に置き去りにされた樺太犬タロとジロの生存が確認された。フランスではド・ゴールが大統領に選ばれ、アメリカではアラスカが49番目の州になっている。

そしてソ連。ウラル科学技術学校（現ウラル工科大学）のエリート学生たちを中心とした若者10人の一隊が、真冬のウラル山脈をおよそ2週間の行程でスキー・トレッキングすべく、エカテリンブルクを出発した。

隊長は大学4年生のディアトロフ（この事件が彼の名にちなんで付けられたことがわかる）。他に男7人、女2人。皆20代前半だったが、男性のうち一人だけが30代後半の元軍人。

インストラクターとしてついて行ったとされる。

彼らが残した日誌、数人が撮った写真、途次に立ち寄った場所での地元の人々との交流などは正確に知られており、それによれば、出発して10日目の2月1日が、ホラチャフリ山、即ち先住民マンシ族の言葉で「死の山」——なんとも不吉で、しかも予言的な山名ではないか——へ登る前日だった。直前に男子学生1人が体調不良で脱落したため（おかげで彼は命拾い）、グループは9人に減っていた。

9人は翌日の万全を期し、「死の山」の斜面をキャンプ地にして一泊を決める。この夜に「恐るべき何か」が起こったのだ。

発見された凄惨な遺体

一行の連絡が途絶えたため、2月下旬に捜索隊が結成された。厳しい条件下、まず雪に埋もれた無人のテントを見つける。中にはスキーブーツがずらりと並び、食料やリュックなどがきちんと整頓されていたが、テント布は内部から切り裂かれていた。

やがてそこから数百メートルほど下ったヒマラヤ杉の近くで二遺体が発見される。ともに

178

木から落ちたような傷と、火傷（やけど）の跡、口から泡（あわ）、上着もズボンも靴も身につけていなかった。

零下30度にもなる場所だから、これは命取りである。死因は低体温症とされた。

次いで、その木とテントの中間地点の雪の下に男女三遺体が見つかる。一人は隊長ディア
トロフで、服は別のメンバーのもの、帽子や手袋はなく、靴も履いていない。格闘したよう
な跡が見られた。もう一人の男にも格闘した形跡はなく、頭蓋骨（ずがいこつ）を骨折していた。靴下は何
足もはいていたが靴はなし。女子学生はスキージャケットにスキーズボンと、服装はきちん
としていたもののやはり靴はなく、手に多数の打撲傷、胴の右側部に長い挫（ざ）傷（しょう）。3人とも

直接の死因は低体温症らしい。

他の4人はなかなか発見されなかった。何度目かの捜索でやっと5月初旬に、件（くだん）のヒマラ
ヤ杉からさらに離れた小さな峡谷（きょうこく）（テントから1キロ半も先）で発見されたが、どの遺体
も凄惨そのもので、先の5人がごく普通の死に思えるほどだ。

全員、靴を履いておらず薄着。下着姿の者までいた。また全員、骨に著（いちじる）しい損傷（そんしょう）があり、
落下が原因とは考えにくい暴力的外傷だった。解剖医は、車に轢（ひ）かれたような、と形容した
という。ただし最初に発見された男性の遺体は水に浸（ひた）かっていたため腐敗が進みすぎ、死因
の詳細が突き止められなかった。顔の見分けがつかず、頭蓋骨も露出。

あとの男2人は、それぞれ肋骨が何本も折れ、また頭部に烈しい損傷を受けていた。一人の衣服からは放射能も検出される。さらに痛ましいのは女性で、肋骨が9本も折れ、心臓の大量出血、口腔内からは舌だけが丸ごとなくなっていた。そして彼女の衣服からも、高レベルの放射能が検出されたのだった。

なぜ彼らはテントを離れたか

ウラル科学技術学校の男女学生6人、及び同大卒業生2人、臨時に加わった退役軍人1人からなる9人のトレッキング・グループは、真冬の「死の山」の斜面の雪を掘って大きなテントを張り、夕食を終えた6、7時間後、ブーツを脱いで眠りについた（あるいはつこうとしていた）。

真夜中、だがなぜか全員そのままテントを飛び出る。幾度も雪山トレッキングを経験してきた彼らが、零下30度にもなる戸外へ靴も履かずに出たらどうなるか、知らないはずがない。まして漆黒の闇だ。雪の白さをもってしても、また数人が手にしていたマッチや懐中電灯の明かりがあったとしても、元の場所にもどれる可能性は限りなく低い。テントを離れること

180

ディアトロフ事件を題材にした
2013年の米英ロ合作映画『ディアトロフ・インシデント』より

は、即ち死を意味する。

にもかかわらず皆が皆、やみくもにテントを出たがった。中からナイフでテント布を切り裂いてまで、大慌てで、そして我先にと、その場を離れたがった。統制のとれた理性的な行動をずっと続けてきた彼らだけに、あまりに奇妙で信じがたい。これほど激甚（げきじん）で無謀（むぼう）な行動を引き起こしたものは、いったい何だったというのか？

ディアトロフ事件最大の謎はここにある。

このまったき不可解さに比べれば、彼らの死の様相についての説明には、納得しやすいものがいくつもある。たとえば誰ひとり靴を履いていなかったのは、単にその暇がなかったからだろう。また服を脱ぎ捨てた者がいたことについてだが――史実をもとにした映画『八甲田山』（森谷司郎監

督）に生々しく描かれているように――人は極度の低体温に陥ると、かえって暑く感じてしまうらしい。体表の冷たさに比して、体内に流れる血液の温度に熱さを覚えるせいだという。

火傷跡や木からの落下は、暖を取ろうと木の枝を折っていて落ち、その後マッチで枝を燃やしていて火がついたのかもしれない。別メンバーの服を着ていた例は、死者の服を脱がせた可能性がある。格闘跡の見られた2人は、テントの一番近くに倒れていた。つまり逃げるのが最後だったからで、そうとう焦ってぶつかりあい、互いにもつれあってこけつまろびつ走ったとも考えられる。

遠くまで逃げた者たちに打撲跡や肋骨ないし頭蓋骨骨折が見られたのは、斜面を走り下りている時に根株や雪に埋もれた岩などにぶつかったり、通常であれば大怪我には至らないような崖でも暗くて気づかず、頭から落ちたと考えられなくもない。全ては雪山の夜にひそむ危険であり、おまけにそこを走ったのは平常心を失くした人間たちだった。

とはいえ全てが納得できるわけでもない。検死報告書には、彼らの骨折状態が崖から落ちてできるようなものとは明らかに違うと記されていた。舌の喪失は小動物に食べられたとの説もあるが、ではなぜ他の遺体（すぐ近くに三体あった）は無事だったのか。

衣服の放射能については、2年前に同じウラル山脈で放射能漏れ事故があり、その際に放

182

射線を浴びた服が古着屋に売られ、知らずに買って着ていたのかもしれない（まだ物資の少ない貧しい時代だった）。しかし検出された放射能は高濃度だったというから、旅行中いつも雑魚寝していた仲間の服に付着していないのはなぜだろう。

ただの偶然かもしれないが、学生の一人は核物理学を専攻しており、原子力関連の研究室に在籍したこともある。ただし放射能が検出されたのは彼の服からではない。

どこか胡散臭いのは退役軍人で、年齢も学生たちより一回り以上も上だし、名前も変名を使っていた。鉱山会社に勤めた後、軍事工学を学んでいたとも言われる。トレッキング中よく写真を撮っていたが、もう一台、別のカメラも持ち、皆に隠していた。服から放射能が検出されたのはこの男だ（もう一人は彼の近くで発見された女子学生）。彼は今回が学生たちと初顔合わせで、どうやってグループに参加できたのか、実はあまりよくわかっていない。

放射能とこの男を結びつけた秘密工作員説も浮かぶ所以である。

事件の謎に対するさまざまな解釈

ソ連が崩壊してロシアへの旅がしやすくなるにつれ、世界中の謎解きマニアたちが「ディ

「アトロフ事件」に挑みはじめた。数々のノンフィクション、小説、テレビ・ドキュメンタリー、映画が生まれ、さまざまな解釈が披露されている。どれも一長一短あり、これぞ決定版というものはまだないが、いくつかあげておこう。

I　雪崩説——ありふれていても、一番妥当とされてきた。ただし「死の山」の勾配はわずか16度しかなく、ふつう雪崩は起きない。しかも学生たちの足跡が一部残っていた。

II　マンシ族ないし野獣襲撃説——足跡皆無。

III　竜巻説——テント内にいた時ではなく、外へ出てから小さな竜巻に襲われたというのなら、ひどい骨折の説明にもなる。ただ固まって倒れていた理由はわからない。

IV　UFO説——数ヵ月前からこの近辺の上空に正体不明の火球が飛んでいた（目撃証言が多数ある）。もしそれがUFOで、テント近くに着陸してエイリアンが降りてきたら、どんな剛毅な人間でもパニックになって逃げだすだろう。特にこの時代はSF黄金期だった。あいにく物的証拠はない。

V　軍の陰謀説①——火球はUFOではなく開発中の新兵器で、軍事機密をグループに知られたため全員を抹殺。

VI 同②──軍による人体実験の犠牲になった。

VII 同③──グループに同行した元軍人が、山で秘密裡に接触したスパイと何らかの理由で争い、学生らが巻き添えになった。

このようにソ連軍が関与していたとしたら、永久に証拠書類は出てこないだろう。

奇譚は語り継がれる

そして2013年、新たなドキュメンタリーの傑作が生まれた。アメリカの映像作家ドニー・アイカー著『死に山』がそれだ。翻訳も出ているのでぜひ読んでほしい。

著者アイカーは、現場に赴くことなく自宅の椅子に座って事件を解決する「アームチェア・ディテクティブ」ではなかった。自らロシアへ何度も出かけ、グループ唯一の生き残り（21歳だった学生は、すでに75歳になっていた）にも会って貴重な証言を得たし、驚いたことにディアトロフ隊と同じ行程を辿って冬の「死の山」へも登ったのだ。

この本の最大の読みどころが事件の解明部分にあるのは間違いないが、同じくらい興味深

185　第二十一話　ディアトロフ事件

いのは──これまでの素人探偵たちがほとんど関心を寄せていなかった──ソ連時代の若者たちの生き生きした生態だ。鉄のカーテンの向こうでも、変わらぬ人間の営みがあったことを知らされる。

ディアトロフ隊は大学のあるエカテリンブルク（当時は革命家の名にちなんでスヴェルドロフスクと呼ばれていた）から鉄道、バス、トラックを乗り継いで山を目指した。そこまでは車中泊の他、工事現場の労働者用の寮に泊めてもらったり空き家を探して寝たりと、かなり切り詰めた旅である。それでも若いだけに終始元気いっぱいで、楽器を鳴らし、合唱し、絵を描き日誌をつけ写真を撮り、ラジオを組み立てた。恋愛模様もあった。

途中下車した町の小学校では即席の教師役まで引き受けた。女子学生のひとりは生徒たちから特になつかれ、いざ別れる段になると皆に泣いて引き留められている。エリート大学生も田舎の小学生も、ある意味非常に純朴でいられた時代でもあった（アイカーはこの小学校も訪れている）。

いよいよ山地に着くと、そこからは徒歩やスキーで登り、テントを張って雑魚寝すること3回。4回目が惨劇の夜だった。

アイカーの説では、直接の死因たる頭蓋骨骨折も圧迫骨折も全て事故で説明がつけられ、

186

怪死でも何でもないという。つまり本当の死因はテントから飛び出たことであり、飛び出ざるを得なかった、その理由は——つまり超低周波音の発生だったと断言している。

「死の山」は標高1000メートルを少し超える程度の、さほど高い山ではない。勾配もゆるやかで、左右対称の、お椀を伏せた形をしている。しかし一見おだやかそうなこの形が、強風のもとでは稀にカルマン渦（物体の両側に発生する、交互に反対回りの渦の列）を生じさせることがある。今回はテントをはさんで右回りと左回りの空気の渦ができて超低周波音を生み、中の人間を襲った。

それでどうなるかといえば、耳には聞こえなくとも生体は超低周波音に共振し、ガラスのようにもろくなる。心臓の鼓動が異常に高まって苦しくなり、パニックと恐怖に襲われ、錯乱状態になるという。ここが「死の山」と名づけられたのは動物がいないからだが、それは時折り発生するこの超低周波音のせいで棲みつかなかっただけかもしれない。

アイカーはこの説を専門家に肯定してもらったと記している。しかしその専門家は1人だけだし、検証がなされたわけでもない。完璧に証明されたとは言えないのではないか。

超低周波音が心臓に及ぼす影響は、理論的にはわかる。だがはたして9人もの人間を同時に錯乱させ得るものだろうか。それほどの凄まじい超低周波音が存在するのか。かといって

実験するわけにもゆかない。

結局この解答にもまだ謎が残り、ディアトロフ事件はこれからもずっと奇譚として語られ続けるような気がする。

あとがき

本書の校正が終わった直後に、奇しくもロシアから「ディアトロフ事件」（第二十一話）の最新情報がもたらされた。遺族の要請により、2年ほど前からロシア政府が再調査していたのだという。結果は「雪崩説」。被害者9人の死因は雪崩によるものと断定している。多くの研究者から否定されてきた説だ。案の定、遺族らが作った民間団体の弁護士は、「雪崩説には同意できない。人為的な原因だったのではないか」、そう異論を唱えたと、タス通信が伝えた由（ネット版産経新聞記事）。

旧ソ連で起こった「20世紀最大の謎」と言われる不可解な事件は、ロシアの公式発表にもかかわらず、これで幕引きとはなりそうにない。有無を言わせぬ新証拠が出てくるまで、今後も奇譚として長く語り継がれてゆくことだろう。

『婦人公論』でエッセーの連載を、と担当編集者の塚本雄樹さんから依頼を受けた時、かなり困ったのを覚えている。私は平凡な人間で大して面白い経験もしていないし、

189

自分自身や身辺のあれこれを語りたい欲求はほとんどない。絵画や歴史については他誌でいくつも連載している、さて、どうしたものかと考えあぐね、いつしか雑談に……。

すると塚本さんは吸血鬼やゴーレム、エクソシストやハーメルンの笛吹き男など、奇譚好きとわかった。もちろん私もそうなので、女性誌にはふさわしくないかもしれないけれども、歴史奇譚で進めてみよう、ということに相成った次第。

この世には、科学や合理性で説明できない不思議な出来事が時として起こる。それを嘘だ、錯覚だ、と片付けるより、人々が長く語り継がずにおれなかったものには、何かそれ相応の理由があるのではないか、と考えるほうが世界は豊かになるような気がする。何らかの真実のかけらが埋まっているようにも思う。何より、不思議な事件には魅力が詰まっている。

長短さまざまな奇譚を、どうぞ楽しんでいただけますよう。

中野京子

中野京子 Nakano Kyoko

北海道生まれ。作家、ドイツ文学者。西洋の歴史や芸術に関する広範な知識をもとに、雑誌や新聞の連載、講演、テレビ出演など幅広く活動。『怖い絵』シリーズ（角川文庫）刊行10周年を記念して2017年に開催された「怖い絵」展では特別監修を務めた。他の著書に『名画の謎』シリーズ（文藝春秋）、『名画で読み解く　王家12の物語』シリーズ（光文社新書）、『美貌のひと』（PHP新書）、『「怖い絵」で人間を読む』（NHK出版新書）など多数。近著に『新怖い絵』（KADOKAWA）、『画家とモデル』（新潮社）など。著者ブログは「花つむひとの部屋」。

中野京子の西洋奇譚
なか の きょう こ　　　　せいよう き たん

2020年9月10日　初版発行

著　者　中野京子
　　　　なか の きょう こ

発行者　松田陽三

発行所　中央公論新社
　　　　〒100-8152　東京都千代田区大手町 1-7-1
　　　　電話　販売 03-5299-1730　編集 03-5299-1740
　　　　URL http://www.chuko.co.jp/

印　刷　図書印刷
製　本　小泉製本